GALERIE
DU
PALAIS ROYAL.

ÉCOLE VÉNITIENNE.

JEAN BELLIN.
La Circoncision.

TITIEN VECELLI.
Le portrait de Titien.
L'enlèvement d'Europe.
Diane et Actéon.
Philippe II et sa maîtresse.
Persée et Andromède.
Diane et Calisto.
La maîtresse du Titien.
Le tentateur.
Vénus qui se mire.
La mort d'Artémon.
Mercure enseignant à lire à l'Amour.
La cassette.
Clément VII.
La Madeleine.
Le départ d'Adonis.
La vie humaine.
Jésus et la Madeleine.
L'Ecce homo.
Le repos en Égypte.
Vénus à la coquille.
Charles V.

GEORGES GIORGION DE CASTEL-FRANCO.
L'invention de la vraie Croix.
Milon le Crotoniaque.
Gaston de Foix.
Pic de la Mirandole.
Portrait de Pordenon.
L'Amour piqué.
Un chevalier blessé.

ANTOINE-JEAN REGILO (Pordenon.)
La femme adultère.
Hercule et Adeleoïs.
Judith et Holopherne.

JACQUES DEL PONTE (le Bassan.)
La Circoncision de Notre-Seigneur.

JACQUES ROBUSTI (Tintoret.)
Jupiter et Léda.
L'allaitement d'Hercule.
Descente de la Croix.
Les ducs de Ferrare.
L'incrédulité de Saint Thomas.
Arétin.
Le Titien.

A. ANDRÉ SCHIAVONE.
Jésus-Christ devant Pilate.
Le Christ mort.
Le Christ au tombeau.

PAUL CALIARI (Véronèse.)
Les pèlerins d'Emmaüs.
La mort d'Adonis.
L'homme entre le vice et la vertu.
La sagesse campagne d'Hercule.
Mercure, Hersé et Aglaure.
Mars désarmé par Vénus.
Mars et Vénus liés par l'Amour.
Mars, Vénus et l'Amour.
La fille de Paul Véronèse.
Jupiter et Léda.
Moïse sauvé.
Le jugement de Salomon.
Le respect.
L'Amour heureux.
Le dégoût.
L'infidèle.
L'enlèvement d'Europe.
Les Israélites sortant d'Égypte.
Embrasement de Sodome.

LOUIS LEONI (le Padouan.)
Renaud et Armide.

LAMBERT SUSTER.
L'enlèvement de Proserpine.

IMPRIMERIE DE H. PERRONNEAU.

*Suite de l'*ÉCOLE VÉNITIENNE.

JACQUES PALME (le vieux Palme.)
Vénus et l'Amour.
Hérodias.
Vénus qui se peigne.
Sainte Catherine.
Portrait d'une jeune fille.

FRANÇOIS BASSAN.
Le midi.
Le paralytique.

LÉANDRE BASSAN.
L'arche de Noé.

CHARLES CALIARI.
L'adoration des rois.

ALEXANDRE VÉRONÈSE.
Apparition des anges à Abraham.
Chasteté de Joseph.

ÉCOLE GÉNOISE.

SINIBALDO SCORZA.
Le marché.
Le retour de chasse.
Le pont.

LUCA CAMBIASO.
Vénus et Adonis.
Judith et Holopherne.

ÉCOLE NAPOLITAINE.

JOSEPH RIBERA (l'Espagnolet.)
Jésus au milieu des docteurs.
Démocrite.
Héraclite.
Héraclite.
Démocrite.

PAUL MATTEI.
Salmacis et Hermaphrodite.

LUCA GIORDANO.
Les vendeurs chassés du Temple.
La piscine.

DOM DIEGO VELASQUEZ DE SILVA.
Moïse sauvé.
Loth et ses filles.

ÉCOLE FLAMANDE.

PIERRE BREUGHEL.
Concert des chats.
Le grand chemin.

JEAN BOL.
Fuite en Égypte.

MARTIN DE VOS.
Pan et Syrinx.
Les Heures.

PIERRE VAN-MOL.
Danse flamande.

PAUL BRILL.
Les chèvres.
Le repos en Égypte.
La chasse aux canards.
Les nymphes et les satyres.

FRANÇOIS PORBUS.
Henri IV.

JEAN BREUGHEL.
(de Velours.)
La sortie des moutons.
Le chariot.

PIERRE-PAUL RUBENS.
Le Jugement de Pâris.
L'enlèvement de Ganymède.
Vénus revenant de la chasse.
La clémence de Scipion.
Thomyris.
L'aventure de Philopœmen.
Saint Georges.

Esquisses.
Mariage de Constantin.
La croix miraculeuse.
Le Labarum.

PIERRE DE CONSTANTIN contre MAXENCE.
Bataille de Constantin contre Maxence.
Mort de Maxence.
Trophée à la gloire de Constantin.
Entrée de Constantin dans Rome.
Constantin rend la liberté aux sénateurs.
Constantin donne le commandement de la flotte à Crispe, son fils.
Fondation de la ville de Constantinople.
Constantin adore la vraie croix.
Baptême de Constantin.

THÉODORE ROMBOUTS.
Assemblée des Dieux.
Le serment d'Annibal.

JEAN MIEL ou MEEL.
La danse.
La vendange.
L'abreuvoir.

ANTOINE VAN-DYCK.
La famille de Charles Ier, roi d'Angleterre.
Charles Ier.
Le comte d'Arundel.
Le duc d'York.
Seigneur anglais.
Un pair d'Angleterre.
Une milady.
Une veuve.
La princesse de Falsbourg.
Snyders.

DAVID TENIERS.
Le chimiste.
La guitare.
Le vieillard.
La fumeuse.
Les joueurs.
La guette.
L'estaminet.
Le cabaret.
Le berger.

GALERIE
DU
PALAIS ROYAL,

GRAVÉE

D'APRÈS LES TABLEAUX

DES

DIFFÉRENTES ÉCOLES QUI LA COMPOSENT,

AVEC UN ABRÉGÉ

DE LA VIE DES PEINTRES,

ET

UNE DESCRIPTION HISTORIQUE DE CHAQUE TABLEAU.

TOME SECOND.

A PARIS,

Chez { J. COUCHÉ, GRAVEUR, RUE DE LA HARPE.
{ LAPORTE, LIBRAIRE, RUE DE SAVOIE, N°. 5.

M. DCCC. VIII.

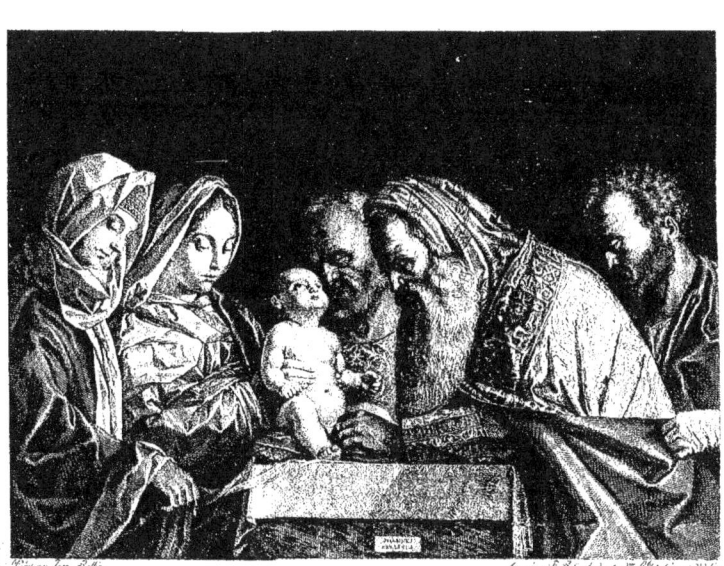

LA CIRCONSISION.

De la Galerie de S. A. S. Monseigneur le Duc d'Orléans.

ÉCOLE VÉNITIENNE.

TABLEAU DE JEAN BELLIN.

Peint sur Bois, avant de hauteur 2 Pieds 3 Pouces, sur 3 Pieds 2 Pouces de large.

Monseigneur le Duc d'Orléans possède deux Tableaux de ce Maître.

Ce Tableau est un des plus beaux et du meilleur tems de ce Maître, sa manière, quoiqu'un peu seche et Réprouvant l'ancien Caractère, se répandant sur le monde d'un Dessin assez correct, d'un Coloris suave et harmonieux avec beaucoup d'intelligence dans les lumières. Les Draperies tiennent un peu du Stile gothique qui dominait alors, mais les Têtes ont de la douceur et de la Noblesse. Si l'on considère l'intelligence et la belle fonte des Couleurs de ce Tableau, on conviendra qu'il est digne d'occuper un rang distingué dans une Collection choisie, comme étant un monument précieux de l'origine de la Peinture à l'huile que Bellin pratiqua un des premiers à Venise.

Jean Bellin, né à Venise de Jacques Bellin, s'acquit une grande réputation en travaillant de concert avec son frère Gentil Bellin, aux magnifiques Tableaux qui servent la Salle du Conseil de Venise. Il est un des premiers qui peignit à l'huile et avoit décelé ce secret à Antoine de Messine, et le publia par la suite. Ses Ouvrages sont plus estimés que ceux de son frère, par un plus beau Génie et une étude fidèle de la Nature. Le Giorgion et le Titien furent du nombre de ses Elèves, et ce dernier acheva une Bacchanale que son Maître avoit à peindre pour Alphonse I. Duc de Ferrare, lorsque la mort l'enleva. Bellin est regardé comme le fondateur de l'École Vénitienne par la splendeur qu'elle acquit sous lui et sous ses célèbres Elèves. Il mourut en 1514 agé de 90 ans.

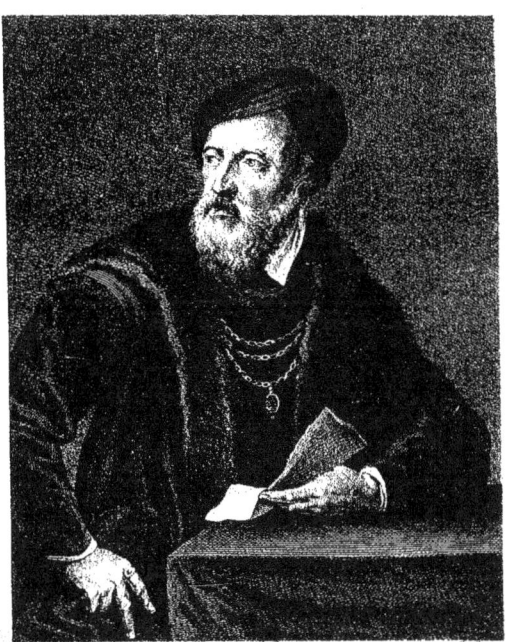

PORTRAIT DE TITIEN
De la Galerie de S.A.S. Monseigneur le Duc d'Orléans.

ÉCOLE VÉNITIENNE.

TABLEAU DE TITIEN VECELLI,

Peint sur Bois, Gravé de même grandeur que l'original.

Monseigneur le Duc d'Orléans possède vingt-neuf Tableaux de ce Maître Célèbre.

Le Titien s'est representé assis devant une table, et tenant un papier. En recousant à sa barbe blanche qu'il étoit dans un âge assez avancé, lorsqu'il fit son portrait. Cependant les traits de son Visage n'annoncent pas une grande Vieillesse; on doit même dire que c'est une très belle tête, une tête de caractère. Le Titien n'a point oublié de se décorer de la Chaîne d'or dont Charles Quint le gratifia, en le faisant Chevalier et Comte Palatin.

Le talent singulier que cet Artiste avoit pour le Portrait, se montre au plus haut degré dans celui qu'il a fait de lui même. Il est d'une touche ferme et légère, d'un ton de couleur vigoureux, et paroît avoir été peint au premier coup.

Nous aurons plusieurs fois occasion de rapporter des traits de la Vie du Titien; nous nous bornerons à dire ici que cet Artiste, dont le nom de famille étoit Vecelli, naquit à Cadore dans le Frioul en 1477, et qu'il mourut à Venise de la peste qui désola cette Ville, en 1576, à l'âge de 99 ans.

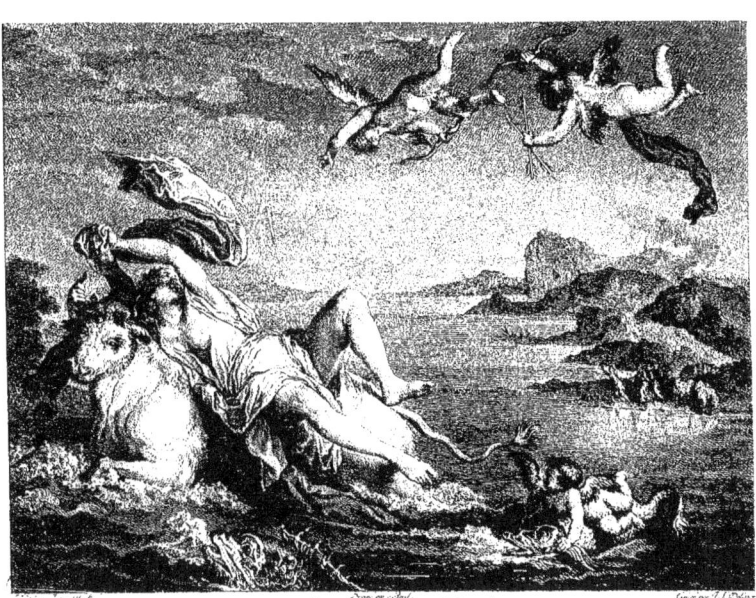

L'ENLEVEMENT D'EUROPE
De la Galerie de S. A. S. Monseigneur le Duc d'Orléans.

ÉCOLE VÉNITIENNE.

LE TABLEAU DE TITIEN VECELLI.

Peint sur Toile, ayant de hauteur 4 Pieds 6 Pouces, sur 6 Pieds 4 Pouces de large.

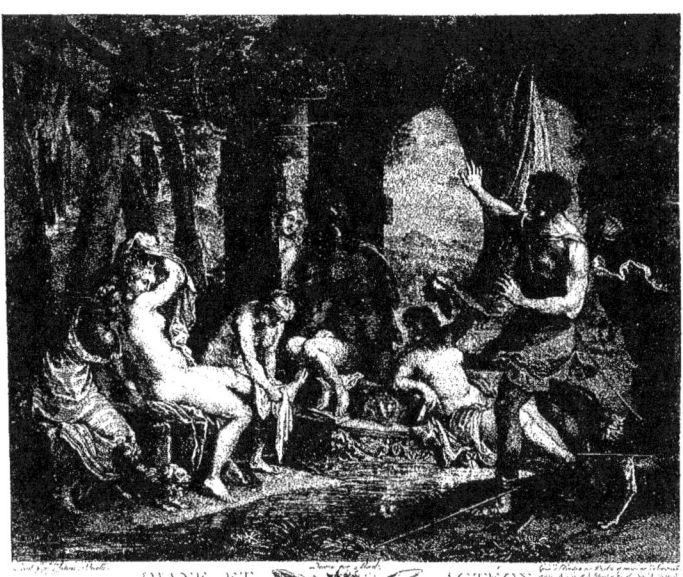

DIANE ET ACTÉON
De la Galerie de S. A. S. Monseigneur le Duc d'Orléans.

ÉCOLE VÉNITIENNE.

III.ᵉ TABLEAU DE TITIEN VECELLI,

Peint sur Toile, ayant de hauteur 5 Pieds 10 Pouces, sur 6 Pieds 6 Pouces de large.

Tout le monde connoit la malheureuse destinée d'Actéon; il étoit un petit fils de Cadmus, Roi de Thèbes, et que la Mythologie nous représente comme un Chasseur célèbre. Il eut l'imprudence de regarder Diane dans le bain, environnée de ses Nymphes. La Déesse punit sa téméraire curiosité, en le métamorphosant en Cerf, et il fut dévoré par ses propres Chiens.

Le Titien a rendu ce Sujet dans un superbe Tableau. Voici le jugement qu'en a porté un habile Connoisseur, et qu'il a bien voulu nous communiquer.

« Le Charme de la Couleur et l'Harmonie du Clair-Obscur sont des parties si essentielles et en même temps si achevées qu'elles font oublier les inexactitudes du Dessin et l'emboursouflement du Costume qu'on reproche aux Peintres de l'École Vénitienne. Si son trop nécessaire. Quoique le Titien ne fut point exempt de ces défauts, il mettoit cependant beaucoup de grace et de variété dans les attitudes des femmes. Le Tableau dont on offre ici l'Estampe en est une preuve. Actéon n'annonce point par son attitude et la noblesse des draperies, la noblesse qui devoit caractériser un jeune Prince. Diane et les Nymphes qui accompagnent cette Déesse, sont d'un ton de Couleur si frais, l'ordonnance des groupes si heureuse, l'effet général si piquant, qu'on peut regarder ce Tableau comme une des Chefs-d'œuvres du Titien ».

Nous ajouterons à ce qu'on vient de dire une réflexion du judicieux M.ʳ De Piles, « si les Peintres de l'École Romaine, dit-il, ont surpassé le Titien en sçavoir de génie dans les grandes compositions et dans le gout du Dessin, personne ne lui disputé l'excellence du Coloris, et il a toujours été en cela la boussole des véritables Peintres ».

Le Tableau dont il est ici question est surtout une preuve de ce qu'avance M.ʳ De Piles; il est admirable par le Coloris, et il est de la troisième manière du Titien.

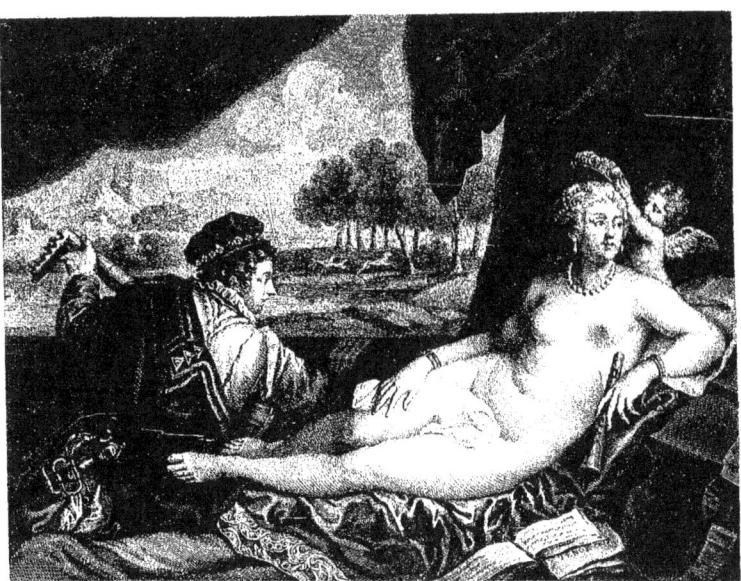

PHILIPPE II. ET SA MAITRESSE
De la Galerie de S. A. S. Monseigneur le Duc d'Orléans.

ÉCOLE VÉNITIENNE

III. TABLEAU DE TITIEN VECELLI.

Peint sur Toile, ayant de hauteur 4 Pieds 8 Pouces, sur 6 Pieds 1 Pouce de large.

Les charmes séduisans du Coloris, à l'effet piquant et vrai qu'on remarque dans ce Tableau, au mérite de la ressemblance des personnages qu'il représente, le Titien a réuni dans la composition de ce Sujet, toutes les graces dont il est susceptible.

Philippe II, Roi d'Espagne, dont la tête est vue de profil, regarde avec complaisance sa Maîtresse, assise sur un Sopha; elle tient une flûte, et l'Amour lui pose sur la tête une Couronne de fleurs. Cette Figure, nue mais décente, est représentée dans l'attitude la plus voluptueuse. La beauté des formes, l'élégance des contours, les accords de Nuds, tout concourt à rendre ce Tableau un des plus séduisans du Titien. Une Basse et des Livres de Musique sont placés sur le devant du Sujet, et le fond est terminé par un riant Paysage, dans lequel l'Artiste a représenté une chasse au Cerf. On sait que le Titien n'excelloit pas moins dans cette partie, que dans les autres genres de Peinture, qu'il a toujours cultivés avec le plus brillant succès.

Nous rapporterons ici une anecdote bien glorieuse pour le Titien. Étant rendu vers la fin de 1548, à la Cour d'Espagne pour peindre de nouveau l'Empereur Charles-Quint, qu'il avoit déjà peint en Italie, il laissa tomber le Pinceau en travaillant à ce Portrait. L'Empereur l'ayant ramassé, le Titien se prosterna aussi-tôt pour le recevoir, en disant: non merito cotanto onore, un servo suo; à quoi l'Empereur répondit: è degno Tiziano essere servito da Cesare.

Ce Prince ajouta à toutes ses bontés une marque de distinction bien flatteuse: il voulut que le portrait du Titien fût placé parmi plusieurs personnages illustres de la Maison d'Autriche, dont on lui avoit ordonné de faire les portraits, pour être mis autour d'une Chambre. Il le créa Comte Palatin, et le combla de bienfaits ainsi que ses enfans.

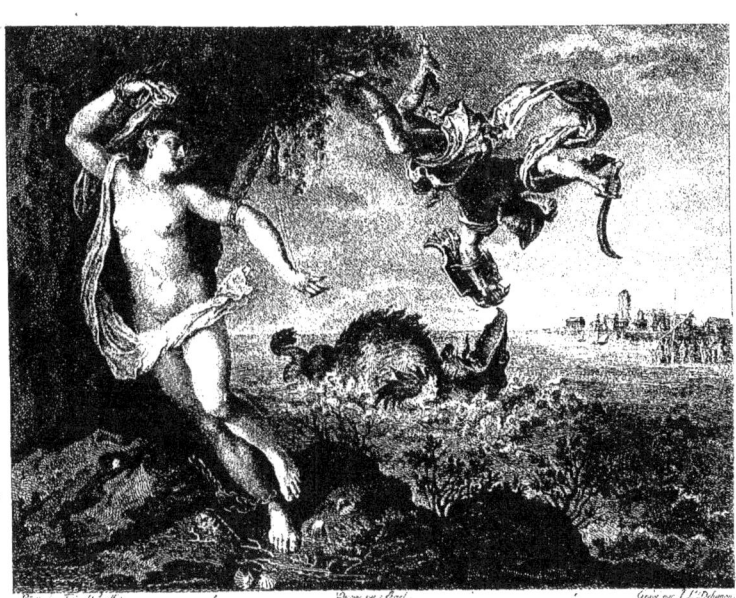

PERSÉE ET ANDROMÈDE.

De la Galerie de S. A. S. Monseigneur le Duc d'Orléans.

ÉCOLE VÉNITIENNE.

V.ᵉ TABLEAU DE TITIEN VECELLI.

Peint sur Toile, ayant de hauteur 4 Pieds 6 Pouces, sur 6 Pieds 2 Pouces de large.

Andromède, fille de Céphée et de Cassiope, enorgueillie de sa beauté, s'étoit vantée de l'emporter sur les Néréides. Pour la punir, elles l'attachèrent sur un rocher où un monstre marin devoit la dévorer; mais Persée qui se promenoit dans les airs, s'apperçut du monstre, le défia et le ramenant à son père qui la lui donna en mariage.

Ce sujet que tant de Peintres ont traité, ne pouvoit manquer, sous le pinceau du Titien, de devenir intéressant à tous égards. On y admire un goût de Dessein fin et délicat, un effet harmonieux. L'Andromède sur-tout est remarquable par la beauté du Coloris. Son attitude est simple et naturelle; elle est enchaînée à un Rocher dont la masse large et vigoureuse forme un beau contraste avec les tons vaporeux des Eaux, du Ciel et du lointain. On apperçoit des Coquillages, du Corail et des plantes que la Mer a jettés au bas de la Roche qui occupe le premier plan. On voit dans le second plan une Ville et un peuple nombreux qui borde le rivage de la Mer.

Les talens du Titien ont été célébrés et ont mérité de l'être par les personnages les plus distingués de son temps. L'Arioste, avec lequel il s'étoit lié d'amitié à la Cour d'Alphonse 1.ᵉʳ Duc de Ferrare, a consacré dans son Poëme de Roland, le nom de ce Peintre immortel; et celui-ci par reconnaissance, fit son portrait. Le fameux Satyrique Pierre Arétin, lui même qui n'épargnait dans ses censures amères presqu'aucun souverain de l'Europe, combla d'éloges le Titien. Il acquit d'ailleurs une célébrité qui ces Tableaux ne firent que justifier de plus en plus, et on le rechercha de toutes parts pour lui confier les Ouvrages les plus importans.

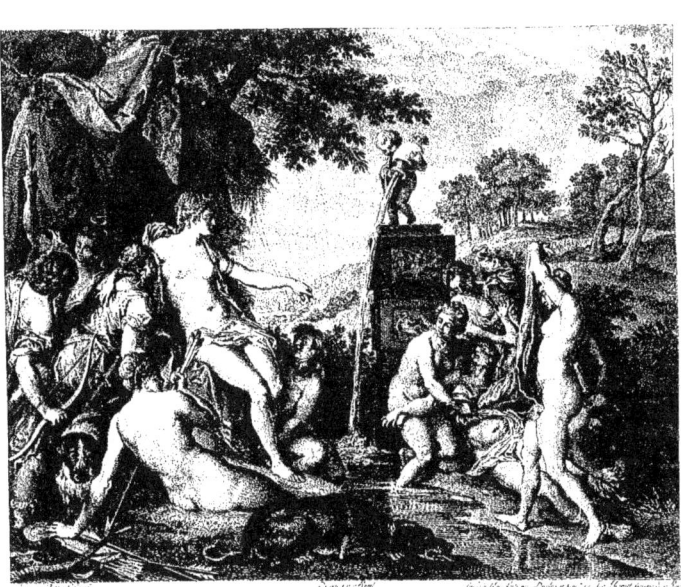

DIANE ET CALISTO.

De la Galerie de S. A. S. Monseigneur le Duc d'Orléans.

ÉCOLE VÉNITIENNE.

VI.e TABLEAU DE TITIEN VECELLI.

Peint sur Toile, ayant de hauteur 5 Pieds 10 Pouces sur 6 Pieds 6 Pouces de large.

Les personnes les moins instruites de la Mythologie connoissent le sujet de ce Tableau. On se contentera de dire que Calisto, une des Nymphes de Diane, éprouva toutes les rigueurs de cette Déesse qui se convainquit par elle même qu'elle avoit violé les loix sévères de la virginité prescrites à toutes ses compagnes.

Ce Tableau fait pendant à celui de Diane et Actéon du même artiste, et quel lieu sujet pour un génie tel que celui de Titien! Tout se devoit susceptible d'un coloris précieux et varié, des figures, des étoffes, du Paysage, de l'air et des animaux. Aussi en trouble substantielle et facile se reconnoît dans toutes les parties de cet Ouvrage, et imprime à chacun des objets la grace et le caractère qui lui est propre.

Mais si l'on est forcé d'admirer ce Tableau par rapport au Coloris, on est en même tems frappé des incorrections du Dessin et des places. Cette négligence qui rend les groupes mal liés les uns avec les autres, donne lieu à des figures trop bouquées, et à des mouvemens forcés. Le premier de ces défauts se remarque surtout dans la figure de Calisto, et le second dans le bras de la figure vue par le dos, laquelle est sur le devant du Tableau. Qu'on ne croye pas cependant que ces défauts nuisent beaucoup à son mérite réel; ce sont de légères taches en comparaison des grandes beautés qui s'y remarquent, et des détails bien rendus qui fixent la première attention du connoisseur.

On dit que le Titien mettoit beaucoup de peine et de soin à perfectionner ses Ouvrages, mais qu'il ostoit après coup quelques touches hardies pour déguiser le travail qu'ils lui avoient couté. Parmi ses morceaux les plus recherchés, on cite une representation de S. Pierre Martyr, dont la composition, l'expression et la force sont portées au plus haut degré de perfection.

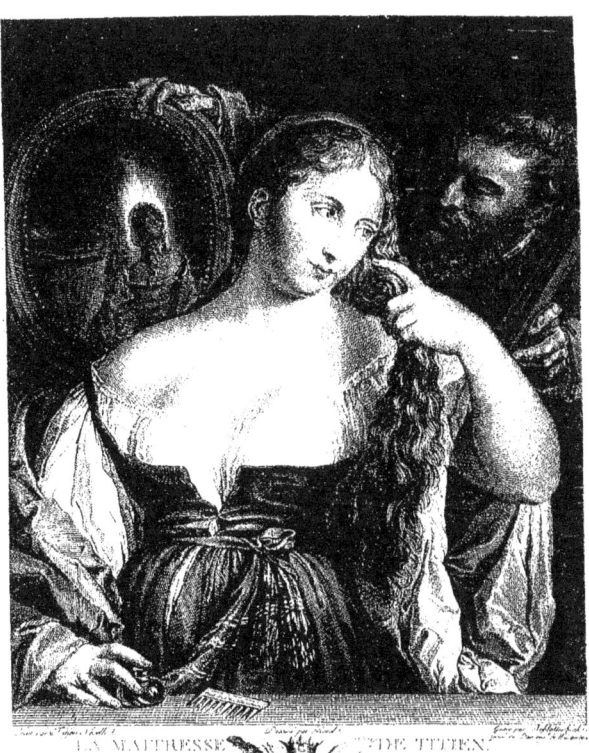

LA MAITRESSE DE TITIEN
De la Galerie de S. A. S. Monseigneur le Duc d'Orléans

ECOLE ITALIENNE

N°II. TABLEAU DE TITIEN VECELLI.

Peint sur Toile, ayant de hauteur 2 Pieds 9 Pouces, sur 2 Pieds 2 Pouces de large.

Il semble que le Titien a voulu faire entendre dans ce Tableau que sa Maîtresse étoit belle sous tous les aspects. L'homme qui est près d'elle, soutient deux miroirs. Dans l'un elle paroît regarder avec complaisance sa belle chevelure; dans l'autre elle est vue par le dos. Sa main est posée sur une phiole d'essence qui est sur une table près d'un peigne. Ce Tableau a beaucoup souffert; les mains de l'homme et presque tout le fond sont visiblement d'une main étrangère. L'un des deux miroirs aujourd'hui fuyant et qui n'est indiqué que par l'épaisseur du bordure, est fort équivoque. La main droite de la femme également restaurée, ne cause pas moins de regrets. Mais ces défauts disparoissent par l'éclat du coloris qui anime les formes simples et gracieuses de la Maîtresse du Titien.

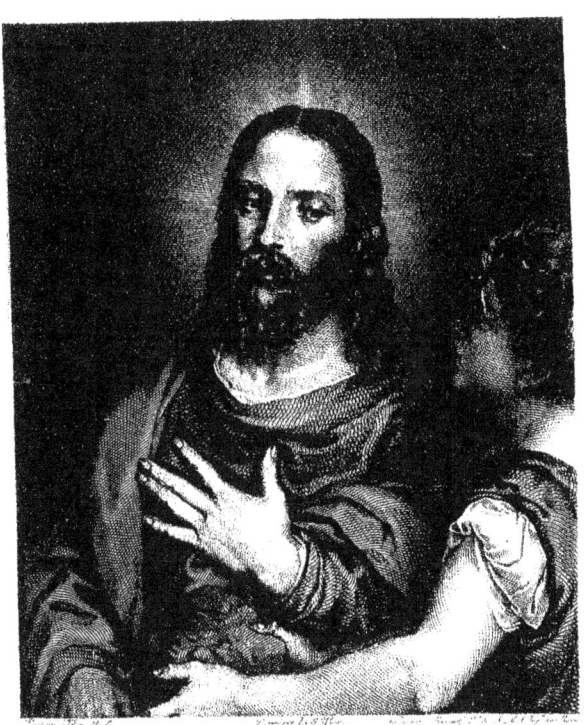

LE TENTATEUR.
De la Galerie de S.A.S. Monseigneur le Duc d'Orléans.

ÉCOLE VÉNITIENNE.

VIIIe TABLEAU DE TITIEN VECELLI.

Peint sur Bois, ayant de hauteur 2 Pieds 10 Pouces, sur 2 Pieds 1 Pouces de Large.

Ce Tableau est d'une grande finesse de Pinceau et de coloris; la tête de N. S. est admirable par le caractère de bonté et de sagesse Divine que Le Titien a su exprimer d'une manière sublime. Le Tentateur est représenté sous la figure d'un jeune homme tenant dans sa main une pierre, c'est l'instant où il dit à J. C. si vous êtes véritablement le fils de Dieu, faites que ces pierres se changent en pain.

La correction du dessin, la belle couleur et le grand effet de ce Tableau, le rendent digne des plus grands éloges, et le font regarder comme un des plus précieux de ce grand Maitre.

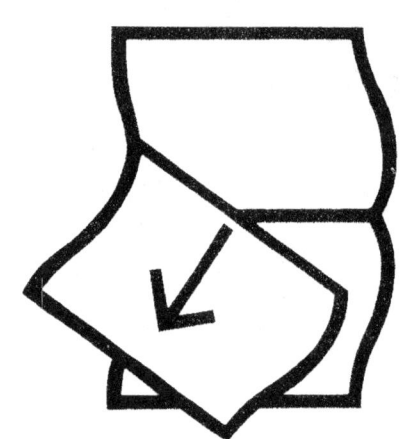

Documents manquants (pages, cahiers...)

NF Z 43-120-13

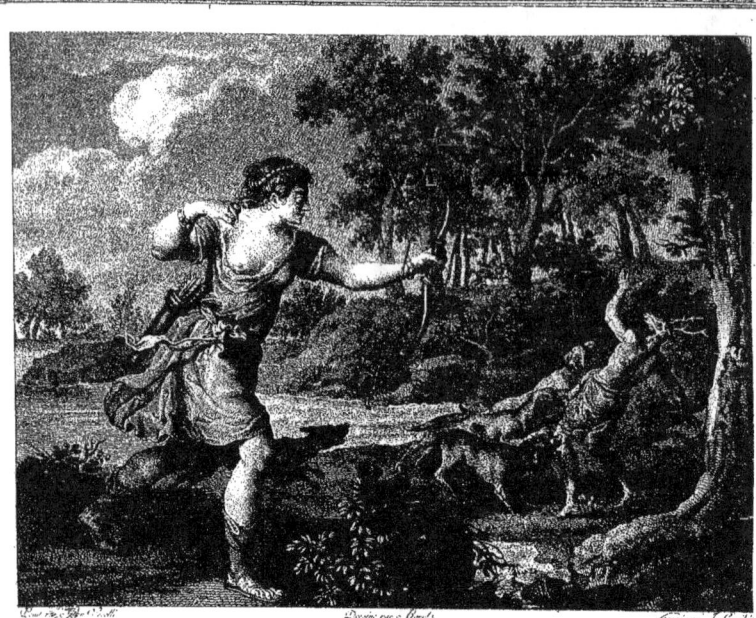

MORT D'ACTÉON.
De la Galerie de S. A. S. Monseigneur le Duc d'Orléans.

ÉCOLE VÉNITIENNE.

N.ᵉ TABLEAU DE TITIEN VECELLI.

Peint sur Toile, ayant de hauteur 5 Pieds 6 Pouces, sur 6 Pieds 1 Pouce de large.

Le Catalogue des Tableaux du Palais Royal indique celui-ci sous la dénomination de Diane poursuivant Actéon. Rien cependant ne caractérise cette Déesse. Il faut plutôt croire que le Titien n'a voulu représenter qu'une des Nymphes de Diane, poursuivant ce jeune Prince arrêté par ses Chiens qui le méconnaissent et sont prêts à le dévorer.

L'Ordonnance de ce Tableau est imposante par la richesse et les beaux plans du Paysage qui en fait le fond. On y reconnait le coloris du Titien et une grande liberté de Pinceau; cependant il n'offre point un ouvrage fini à beaucoup près; c'est une superbe ébauche d'un grand Maître dans laquelle on admire particulièrement le feu d'un grand Coloriste qui jetoit animer sa Toile des premiers traits de son Pinceau.

Sous ce point de vue cet Ouvrage est doublement intéressant, puis qu'il nous trace la marche des procédés d'un des plus célèbres Maîtres.

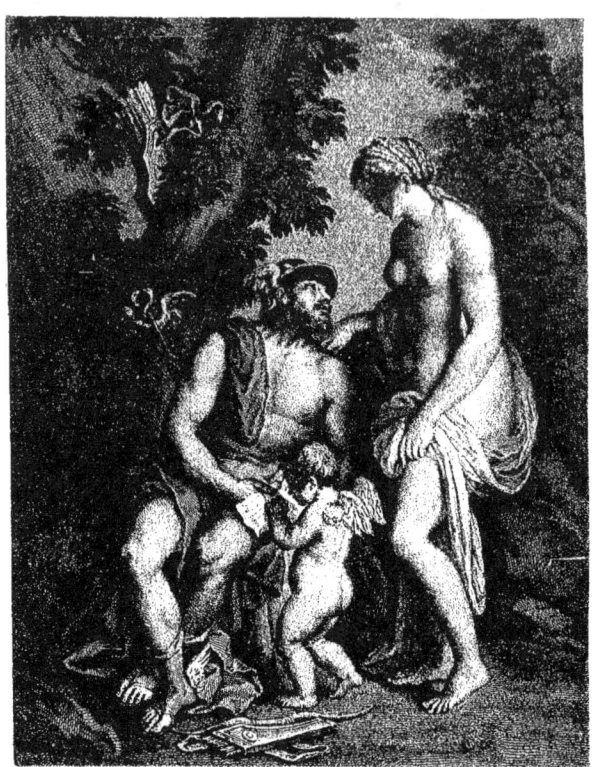

MERCURE ENSEIGNANT A LIRE A L'AMOUR.
De la Galerie du Palais Royal.

ÉCOLE VÉNITIENNE.

N.º TABLEAU DE TITIEN VECELLI.

Peint sur Toile ayant de hauteur 6 Pieds, sur 4 Pieds 10 Pouces de large.

C'est icy une de ces Compositions simples sur lesquelles l'Auteur scavoit répandre le plus vif interest par le charme de son Pinceau c'est Mercure enseignant à lire à l'Amour en presence de Venus. Les Attitudes sont peu recherchées, mais elles sont naturelles et developpent de belles parties. La figure de Mercure est un peu hâtivement prononcée, mais le Titien scrupuleux imitateur de la Nature faisoit rarement des sacrifices pour donner plus d'elegance à ses figures d'hommes, lorsque son Modèle ne le lui inspiroit pas. Il n'en étoit pas ainsi dans les figures de femmes et d'Enfans dont il scavoit developper les moindres graces par un esprit de Dessin délicat et un Coloris sublime.

Ce Tableau faisoit partie de la magnifique Collection de Christine Reine de Suede. Le moelleux du Pinceau, l'excellence du Coloris, la fermeté de la Touche et l'Esprit le font regarder comme un des bons tableaux de Titien Vecelli.

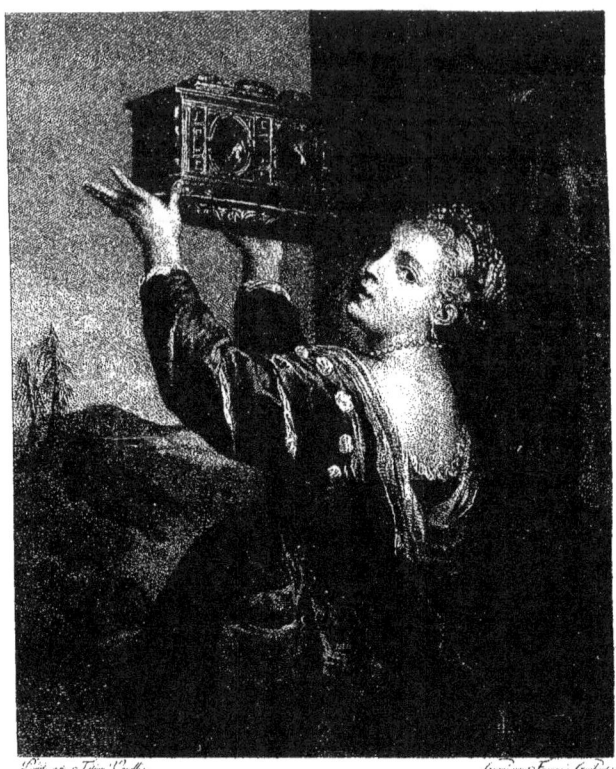

Peint par Titien Vecelli.   Gravé par François Guibert.

LA CASSETTE.

De la Galerie du Palais d'Orléans.

ÉCOLE VÉNITIENNE.

XII.ᵉ TABLEAU DE TITIEN VECELLI.

Peint sur Toile, ayant de hauteur 3 Pieds 6 Pouces, sur 2 Pieds 11 Pouces de large.

Ce Portrait que l'on dit être celui de la fille du Titien est regardé comme un des plus parfaits qui soient sortis des mains de ce grand Peintre, on y admire particulièrement un beau Caractère de Tête animée, des Coloris le plus beau et le plus naturel, la grâce et l'élégance de l'attitude, et la correction du Dessin.

On prétend que le Titien avoit d'abord peint dans le plat que tient cette belle fille, la tête de S.ᵗ Jean Baptiste.

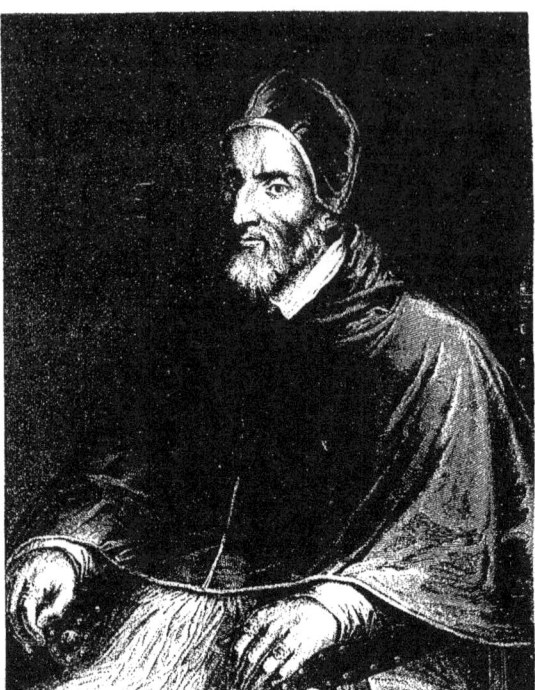

Peint par Titien Vecelli. Gravé à l'eau forte par Madame Terminé par C.M. Métou.

CLÉMENT VII.

De la Galerie du Palais d'Orléans.

ÉCOLE VÉNITIENNE.

XIII.ᵉ TABLEAU DE TITIEN VECELLI.

Peint sur Bois, ayant de hauteur 2 Pieds 10 Pouces, sur 2 Pieds 2 Pouces de large.

Clément VII, appellé auparavant Jules de Médicis, était parent de Léon X, et fut élu Pape après la mort d'Adrien VI, en 1523. Il reçut une Ambassade du Roi d'Éthiopie, se ligua avec les François et les Vénitiens contre l'Empereur Charles-Quint, et fut assiégé dans Rome par l'Armée de ce Prince, ce qui le contraignit de se sauver incognito. Il laissa croître sa barbe durant les Mois de sa captivité, et la porta toujours longue dans la suite. Clément VII fit sa Paix avec l'Empereur en 1529, excommunia Henri VIII, Roi d'Angleterre, et mourut le 20 Septembre 1534.

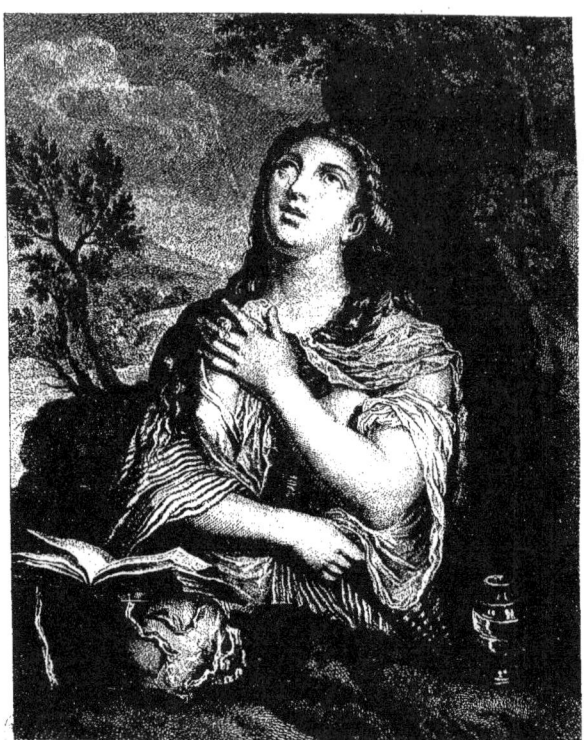

Peint par Titien Vecelli.   *Gravé par Romanet.*

LA MADELEINE
De la Galerie du Palais d'Orléans

ÉCOLE VENITIENNE.

XIVme TABLEAU DE TITIEN VECELLI.

Peint sur Toile, ayant de hauteur 3 Pieds 7 Pouces, sur 3 Pieds de Large.

Cette Pénitente est de bout entre des Rochers, les yeux levés vers le Ciel, une main sur son Sein, et exprimant dans toute son attitude la douleur et le repentir.

Ce Morceau est regardé comme une des plus admirables productions du Titien, autant pour la beauté et la force du Coloris, que pour la délicatesse du Pinceau, le fini précieux, et l'expression la plus touchante.

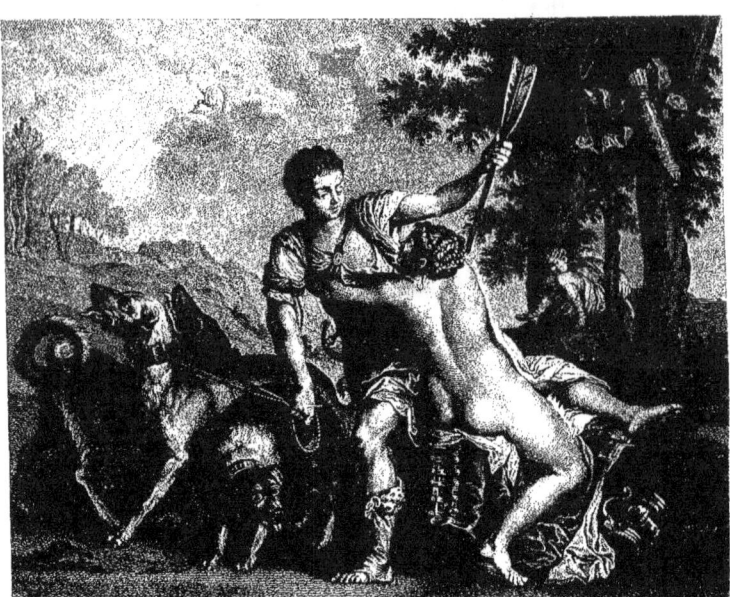

Peint par Titien Vecelli. Gravé par Delignon.

DÉPART D'ADONIS
De la Galerie du Palais d'Orléans.

ÉCOLE VENITIENNE.

XV.me TABLEAU DE TITIEN VECELLI.

Peint sur Toile ayant de hauteur 5 Pieds 7 Pouces, sur 6 Pieds 2 Pouces de Largeur.

Adonis fils de Cynyras roi de Chypre, et de Mirra, fut aimé de Venus si éperduement que cette Déesse fut inconsolable lorsqu'il fut tué par un Sanglier. Les peuples célébrèrent l'anniversaire de la mort d'Adonis par des lamentations extraordinaires jusqu'au tems de S.t Cyrille d'Alexandrie. Adonis, selon la fable, fut metamorphosé en une fleur rouge nommée Anémone.

Cette agréable composition que le Titien a repété plusieurs fois en y faisant néanmoins quelques changements, afin qu'on ne pût douter que ces Tableaux ne fussent originaux, reunit au beau coloris et à la fierté du Pinceau, l'expression la plus vive et l'effet le plus frappant.

Il passe pour très constant, dit M.r Dupiles, que le Titien a fait le Paysage mieux qu'aucun autre de sa profession. Ses Sites sont composés de peu d'objets, mais bien choisis, les formes de ses Arbres bien variées, leurs touches légères, moelleuses et sans manière, mais ce qu'il a observé assez régulièrement c'est d'y faire voir quelque effet extraordinaire de la nature lequel fait une sensation piquante et remue le cœur par sa singularité et par sa vérité.

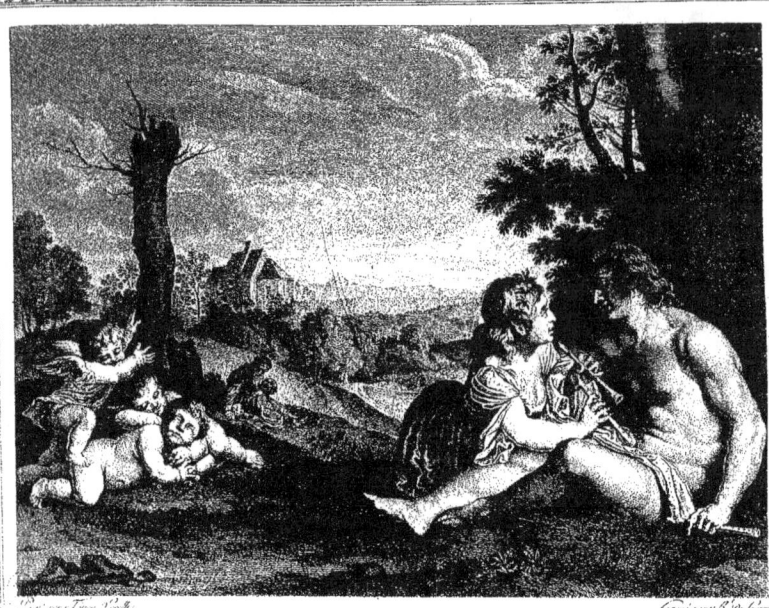

LA VIE HUMAINE.

De la Galerie du Palais d'Orléans.

ÉCOLE VÉNITIENNE.

XVI.ᵉ TABLEAU DE TITIEN VECELLI.

Peint sur Toile, ayant de hauteur 4 Pieds 9 Pouces, sur 4 Pieds 7 Pouces de large.

Sandrart fait mention de ce merveilleux Tableau dans la Vie de Titien. Il livoit ou à Anvers, dans la maison des Moyfer, qui le vendirent à Christine, Reine de Suède, mille Ducats d'or. Le même Auteur ajoute que Titien étant venu à la Cour de Charles V, fit ce Tableau pour Othon Truchsès, Cardinal d'Augsbourg. Mais si l'on fait attention à la manière dont il est peint, et si l'on compare les Enfans qui y sont avec ceux de ce fameux Tableau du même Titien, qui étoit à la Vigne Ludovise à Rome, qui représente une troupe d'Amours, et qui est le même qui a été peint pour le Duc de Ferrare, il faut croire que le Vasari étoit mieux informé que Sandrart, et que ce Tableau de la Vie Humaine a été peint par Titien peu après son retour de Ferrare à Venise, c'est-à-dire, vers l'an 1516. Ce sera le même que le Vasari avoit eu occasion de voir et d'admirer à Faenza, entre les mains de Jean de Castel-Bolognese, célèbre graveur en creux, qui aura été acquis par le Card.ˡ d'Augsbourg.

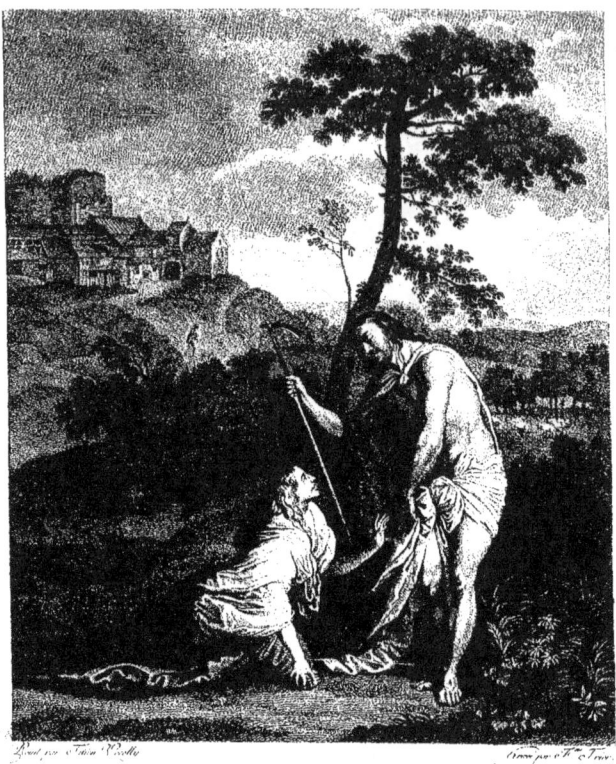

JESUS ET LA MADELEINE.

De la Galerie du Palais d'Orléans.

ÉCOLE VÉNITIENNE.

XVIIme TABLEAU DE TITIEN VECELLI.

Peint sur Toile, ayant de hauteur 3 Pieds 3 Pouces, sur 2 Pieds 9 Pouces de large.

Le Christ appuyé sur un Instrument propre au jardinage apparoit à Ste Marie Madeleine; et à la vue de ses pieds sanglans elle le reconnoit et s'apprête à verser sur lui ses boëtes aux parfums.

Ce Tableau, admirable pour le Coloris et l'effet, étoit autrefois à Vérone dans le Cab.^t des Srs Christophe et François Muselli. Mr de Seignelay envoya les Srs Forest et Alvarés en Italie pour l'acheter. Il a passé ensuite du Cab.^t de ce dernier dans celui de Mr Bertin, Trésorier des parties Casuelles, avant de faire partie de cette Collection.

Le Titien avoit peint le même sujet dont les figures étoient aussi grandes que Nature, N. Vleughels en fait un gr.^d éloge.

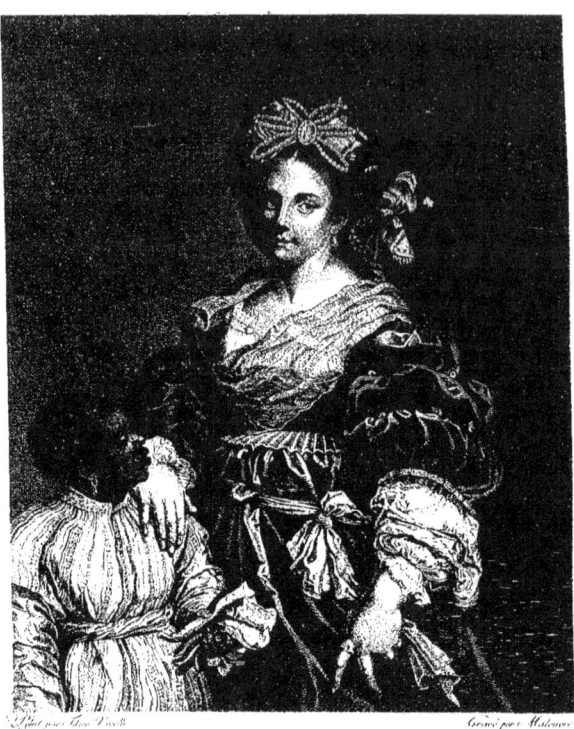

Peint par Tit. Vecelli. *Gravé par Malœuvre.*

L'ESCLAVONE.
De la Galerie du Palais Royal.
ÉCOLE VÉNITIENNE.

XVIII.e TABLEAU DE TITIEN VECELLI.

Peint sur Toile, ayant de hauteur 3 Pieds - Pouces, sur 2 Pieds 11 Pouces de large.

Ce Tableau représente une Dame encore jeune, dont l'habillement et la coiffure, d'une pièce bizarre, permettaient au Titien de se montrer grand coloriste dans l'imitation des Draperies. Cette Dame pose sa robe d'une main et de l'autre s'appuie sur l'épaule d'un petit Nègre, qui tient ses gands et semble attendre ses ordres.

La simplicité des attitudes, la richesse et la suavité du coloris ont toujours distingué les productions du Titien. Celui-ci réunit ces beautés à un degré très éminent. Il est digne, sous tous les rapports, de ce Maitre célèbre.

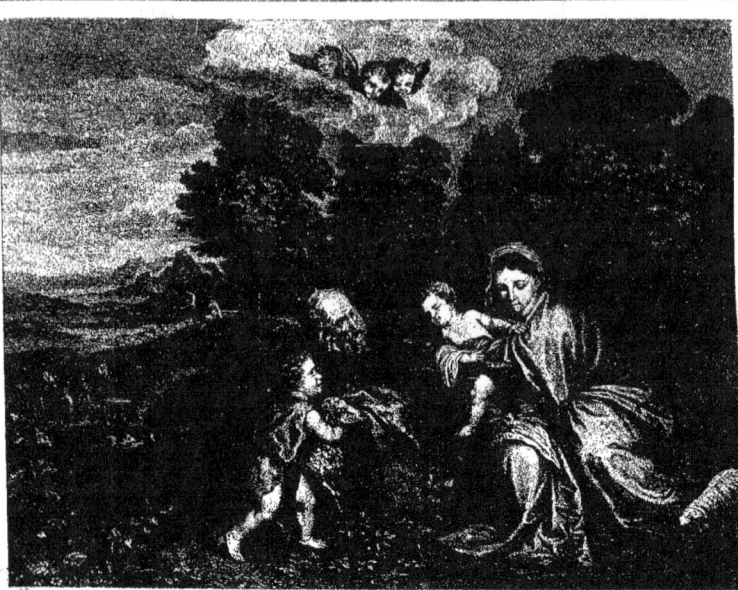

REPOS EN EGYPTE.
De la Galerie du Palais d'Orléans.
ÉCOLE VÉNITIENNE.

XIX.e TABLEAU DE TITIEN VECELLI,

Peint sur bois. Haut. 2 pieds 6 pouces, larg. 3 pieds 7 pouces.

La Vierge assise sur un tertre peu élevé soutient son fils, qui s'élance vers St. Jean et paraît agréer l'hommage du cousin que le jeune Précurseur veut lui offrir. Un peu plus loin St. Joseph, en ce plan, voûté, et la tête appuyée sur la main droite attend que Jésus soit tourné de son côté pour lui donner un fruit. Des masses d'arbres touffus servent de fond aux figures et à trois chérubins portés sur des nuages. Ces esprits célestes contemplent avec respect la sainte famille. Près de la Vierge un jeune agneau, symbole de l'innocence, paît avec tranquillité.

Sur le second plan et les bords d'une rivière qui serpente à perte de vue on distingue un pâtre conduisant des animaux. Plus loin un berger rassemblant son troupeau près de sa couquade.

Le Titien a répété plusieurs fois ce sujet et même sous le carré beaucoup. L'Pièce en a décrit un qui existe dans la collection du Musée Napoléon. Il est certain qu'on ne peut rien offrir de plus gracieux que les traits naïfs de l'enfance; les graces ingénues de la beauté modeste et la majesté grave d'un vieillard vénérable. Ces oppositions plaisent parce qu'elles sont dans la nature et donnent une image frappante de l'étendue de sa puissance, et de la variété de ses productions.

Quoique les ouvrages du Titien n'offrent point la pureté des formes qu'on admire dans les productions de l'école Romaine, l'on peut néanmoins regarder cet Artiste comme l'un des plus habiles dessinateurs des peintres coloristes. Il avait des connaissances profondes en anatomie et n'eût, s'il jamais un pompeux étalage. Accoutumé dès son enfance à imiter la nature telle qu'elle se présente, il apprit bientôt du Giorgion à la rendre avec force et sensibilité. Loin de craindre son imitateur il sut se former un style qui lui est propre et qui remplissant un des buts essentiels de la peinture l'a fait asseoir au rang des premiers peintres des écoles modernes. Il connut l'art d'éclairer les objets pour les représenter de la manière la plus avantageuse; ne craignit point les difficultés qu'il eut encore moins par la fougue du génie que par la justesse d'un jugement sensé qu'il fit toujours présider à l'exécution de ses chefs-d'œuvre.

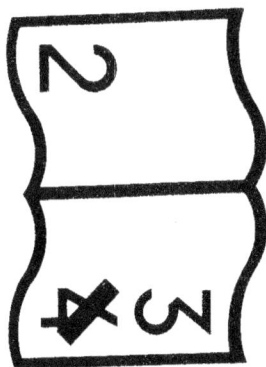

Pagination incorrecte — date incorrecte

NF Z 43-120-12

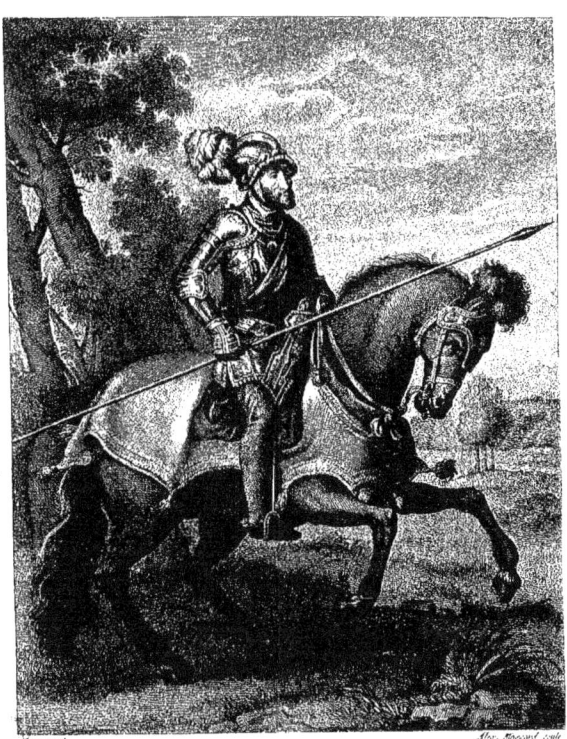

CHARLES V.
De la Galerie du Palais d'Orléans.

ÉCOLE VÉNITIENNE.

XXI.ᵐᵉ TABLEAU DE TITIEN VECELLI.

Peint sur toile, hauteur 2 pieds 6 pouces, largeur 2 pieds 5 pouces.

Le Titien peignit plusieurs fois Charles V. dont il reçut à diverses reprises, des marques de bienveillance. Il lui fut présenté en 1530, à la prière de l'Arétin par le Cardinal Hyppolyte de Médicis, lorsque cet Empereur vint à Bologne pour se faire couronner par le Pape Clément VII. On rapporte qu'à la première séance, Le Titien conduisit au lieu de l'élève qui lui préparait sa palette, Alphonse Lombardi Sculpteur, ferrarais, son ami à qui il ne pouvait refuser cette faveur, dont il ignorait le but. Celui-ci s'étant mis à peindre, Alphonse se tint constamment derrière lui, de manière à n'en pas être apperçu, prit une boule formée en cire le portrait de Charles et s'empressa de le cacher dans sa manche, avant la séance terminée. L'Empereur qui s'était apperçu de ses mouvements, demanda à voir son ouvrage en parut satisfait et lui ordonna de l'exécuter en marbre. Le Titien instruit de la supercherie de son ami fut obligé de partager avec lui les récompenses que Charles n'avait destiné d'abord qu'à lui seul.

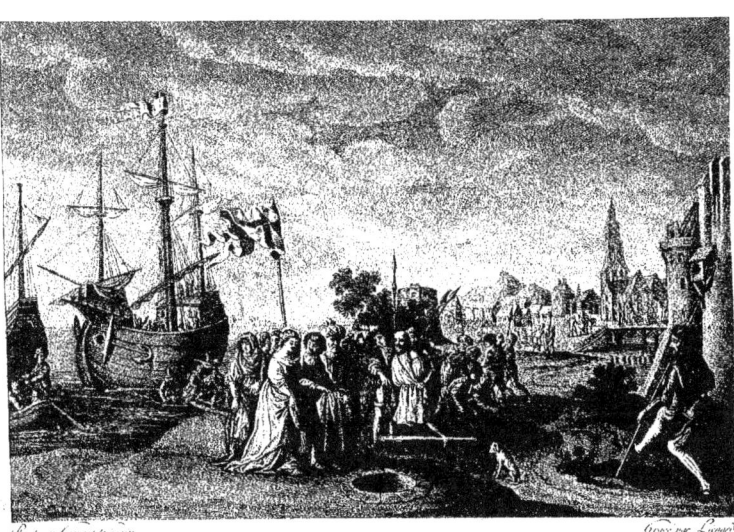

Peint par Georges Georgion. Gravé par Lienard.

L'INVENTION DE LA VRAIE CROIX.

De la Galerie du Palais d'Orléans.

ÉCOLE VÉNITIENNE.

1.ᵉʳ TABLEAU DE GEORGES GEORGION,
DE CASTEL-FRANCO.

Peint sur Toile, ayant de hauteur 4 Pieds 2 Pouces, sur 5 Pieds 6 Pouces de large.

Sept Tableaux de ce Maître font partie de cette Collection.

Le Georgion, ainsi appellé à cause de son Courage et de sa Taille avantageuse, naquit en 1478 dans le Bourg de Castel-franco de la Marche Trévisane, et quoiqu'il fût d'une naissance médiocre il avoit l'esprit fort élevé, il étoit galant il aimoit la Musique il avoit la voix agréable et jouoit bien des Instrumens. Il s'exerça d'abord à dessiner sur les dessins de Léonard de Vinci, et il se mit ensuite avec Jean Bellin pour apprendre à peindre; mais son génie lui ayant formé un goût supérieur à celui de son Maître, il le cultiva par la vue et par l'étude du Naturel, qui dans la suite lui servit toujours de témoins fidèles dans tous ses Ouvrages.

Les Ouvrages du Georgion sont la plupart à Venise, et comme il a beaucoup peint à fresque, et qu'il a peu vécu, ses Tableaux de Cabinet sont extrêmement rares.

Il mourut en 1511 agé seulement de trente deux ans.

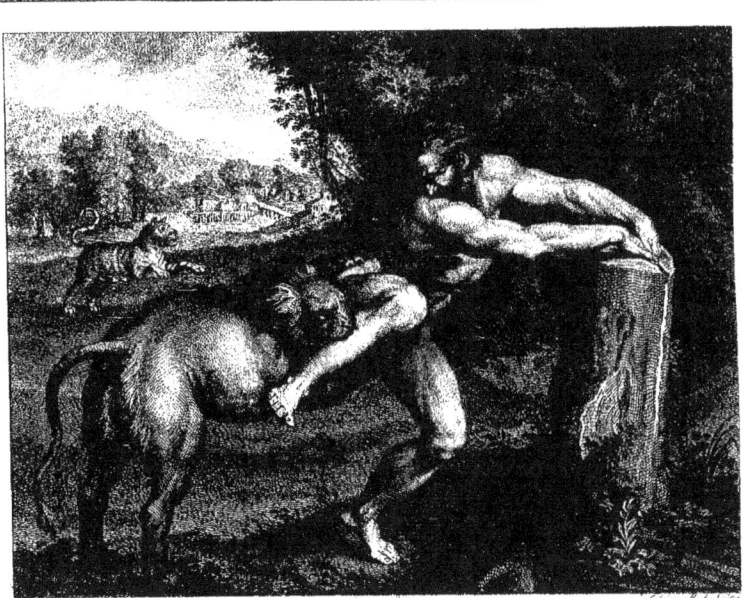

MILON LE CROTONIATE

De la Galerie de S. A. S. Monseigneur Le Duc d'Orléans.

ÉCOLE VÉNITIENNE.

II.ᵉ TABLEAU DE GEORGES GEORGION,
DE CASTEL-FRANCO.

Peint sur Toile, ayant de hauteur 6 Pieds 1 Pouce, sur 7 Pieds 1 Pouce de large.

On raconte des choses bien extraordinaires de la force de ce Milon, qui fut le plus vigoureux Athlète de toute la Grèce. Il porta aux Jeux Olympiques, l'espace de 120 pas, un Taureau sur ses épaules, le tua d'un coup de poing, et le mangea tout entier en un seul jour. Cette voracité ne s'accordait guère avec les leçons de frugalité que donnait Pythagore, dont on dit que Milon était un des plus assidus auditeurs. Dans sa vieillesse, il voulut encore donner des preuves de sa force; il s'engagea et il réussit à rompre avec ses mains le tronc d'un gros arbre; mais les deux parties de ce tronc s'étant rejointes, il ne put jamais en retirer ses mains, quelque effort qu'il fit. Un Lion survint (d'autres disent un Loup), et il en fut dévoré.

C'est ce dernier trait que le Georgion a représenté. On doit regretter que ce Tableau ne soit pas aussi bien conservé que ceux du même Maître qu'on voit dans la Galerie du Palais Royal. On ne laisse pas cependant d'y découvrir encore quelques beautés, tant par rapport aux Dessin assez correct, que par l'excellence du Coloris dans ce qui concerne les jours. Quant aux ombres, elles sont devenues si noires, qu'on n'y distingue plus rien. Le Paysage est d'un bon goût.

On dit que ce fut le Georgion qui introduisit à Venise la coutume de peindre les dehors des Maisons; il commença par la sienne, afin de s'attirer beaucoup d'occupation, et ce moyen lui réussit. On le chargea de peindre plusieurs façades dans lesquelles il épuisa les sujets des Métamorphoses et des amours des Divinités de la Fable, sujets propres à donner carrière au feu de son imagination, et à la fécondité de ses idées.

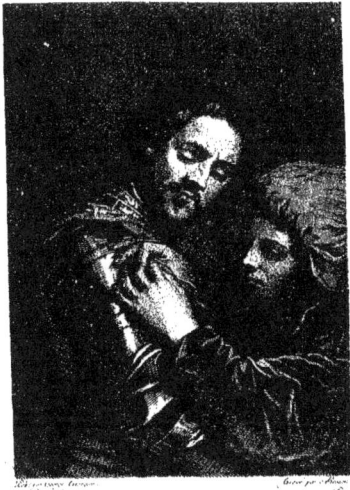 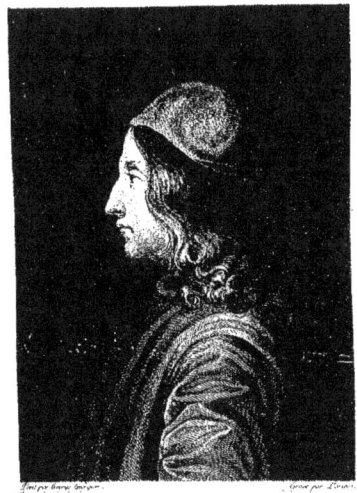

GASTON DE FOIX   PIC-DE LA MIRANDOL

De la Galerie de S. A. S. Monseigneur le Duc d'Orléans.

ÉCOLE VÉNITIENNE.

III.e et IV.e TABLEAU DE GEORGES GEORGION,
DE CASTEL-FRANCO.

Peint sur Bois, ayant de hauteur - Pouces, sur 6 de large. | Peint sur Toile ayant de haut 3 Pi.ds - Pou.ces sur 2 Pi.s Po. de large.

On a réuni dans cette Estampe les Portraits de deux personnages célèbres, peints par le Georgion. Ils sont de la plus belle conservation et d'une vérité de pinceau admirable.

Il y a cependant une remarque essentielle à faire sur le Portrait de Gaston de Foix. L'histoire rapporte qu'il mourut à l'âge de 24 ans, et cependant le Peintre l'a représenté beaucoup plus âgé comme on peut s'en convaincre soi-même à l'inspection du Portrait. Gaston de Foix, Duc de Nemours et Comte d'Étampes, était neveu de Louis XII, qui en Maure dans ce Monarque. Elles se répétait avec complaisance: Gaston est mon Ouvrage, c'est moi qui l'ai élevé, et qui lui ai formé aux vertus qu'on admire déjà en lui. Ce jeune Héros ne démentit point les espérances qu'on avait sur ses talens. Envoyé en Italie pour soutenir les droits de son oncle, il a rendu son nom à jamais célèbre par la Bataille de Ravenne qu'il gagna le jour de Pâques, et reçut vingt-trois blessures après le combat, enveloppé au reste d'Espagnols qui se retiraient, mais son Cheval avant été renversé, il reçut dans le côté droit un coup de pique qui lui donna la mort. Louis XII, en apprenant cette nouvelle, s'écria: je voudrais n'avoir plus un pouce de terre en Italie, et pouvoir à ce prix faire revivre mon cher Neveu, Gaston de Foix, et tous les braves hommes qui ont péri avec lui! Dieu nous garde de remporter jamais de telles victoires!

Jean Pic, Prince de la Mirandole et de Concordia, est connu de tous les savants. Dès son enfance il fut regardé comme un prodige par sa vaste mémoire, et dix-huit ans et seulement dix-un vingt-deux Langues, c'est à dire, qu'il en savait autant ou tout au plus les premiers éléments de chacune. Il voulut faire parade d'un tour de force bien plus extraordinaire. A vingt-quatre ans il se rendit à Rome pour y soutenir des Thèses sur tous les objets des sciences, de omni re scibili. Ces Thèses qui fixèrent plus aujourd'hui, non-seulement les ignorants, mais les hommes d'un mérite, accusèrent l'Auteur d'hérésie, de magie. Il aurait fallu l'honneur d'une saine et évidente prédiction. Le Pape Innocent VIII censura treize de ses propositions: mais il fut absous dans la suite par Alexandre VI. L'amour de l'étude le fit renoncer à sa Principauté. Il mourut à Florence en 1493, âgé de 34 ans. On a de lui divers Ouvrages qui ne sont guère lus aujourd'hui.

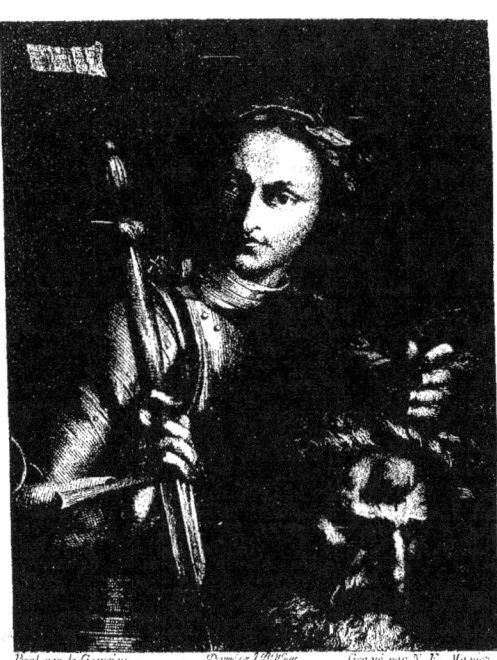

Peint par le Georgion.   Dessiné par Brizard.   Gravé par N. F. Maviez.

PORTRAIT DU PORDENON.

De la Galerie du Palais Royal.

ÉCOLE VÉNITIENNE.

Vᵉ TABLEAU DE GEORGES GEORGION.
DIT CASTEL-FRANCO.

Peint sur Toile, ayant de hauteur 2 Pieds 3 Pouces, sur 1 Pied 8 Pouces de large.

Ce Tableau qui est d'un ton de couleur vigoureux d'une touche ferme et d'un Pinceau hardi, nous représente les traits de Pordenon sous la figure de David. Ce Peintre est cuirassé tenant d'une main son Épée et de l'autre la tête de Goliath. On lit au haut dans un petit Écriteau les quatre Vers suivans, qui marquent que le Georgion et le Pordenon s'étoient peints l'un et l'autre en David.

      In David se ritrasse il gran Giorgione
      Per servire il suo bene in Castel Franco
      Emulo di valor non fece manco
      Se pingendo l'insigne Pordenone.

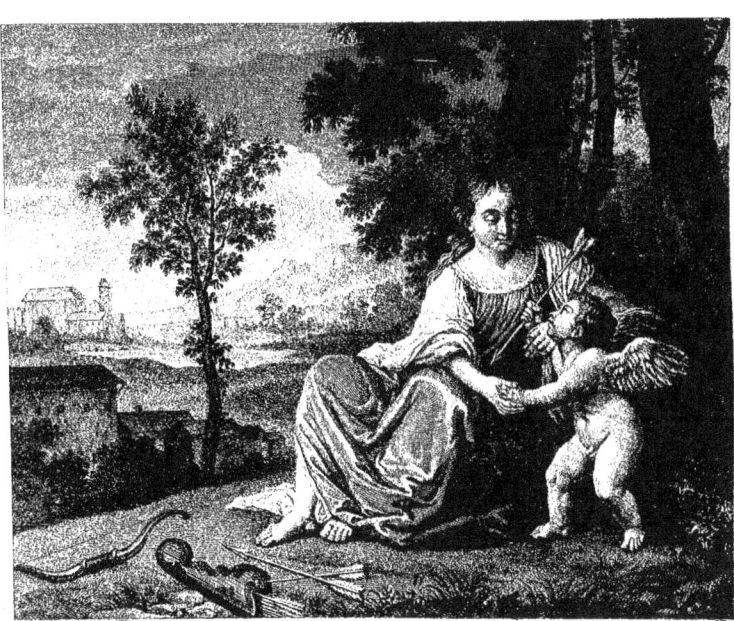

L'AMOUR PIQUÉ.
De la Galerie du Palais d'Orléans.

ÉCOLE VÉNITIENNE.

VI.ᵉ TABLEAU DE GEORGES GÉORGION
DE CASTEL-FRANCO.

Peint sur Toile, ayant de hauteur 3 Pieds 6 Pouces, sur 4 Pieds 5 Pouces de large.

Comme le Géorgion n'a vécu que trente deux ans et qu'il a fait peu de grands ouvrages on ne saurait, dit M.ʳ De Piles, bien juger de la grandeur de son génie. La plus grande composition qu'il ait faite est à Venise sur la façade de la maison où s'assemblent les marchands Allemands mais ce morceau étant presque entièrement ruiné par le tems il est difficile d'en tirer une conjecture bien solide. Il faut donc se renfermer dans un petit nombre de tableaux de chevalet et dans plusieurs portraits qui attestent que le Géorgion avoit de la facilité dans l'esprit et de la vivacité dans l'imagination. C'est lui qui le premier a employé les couleurs fieres, et l'on peut regarder comme une chose étonante le saut qu'il a fait tout d'un coup de la manière de Jean Bellin au degré suprême où il a porté le Coloris, en joignant à une extrême force, une extrême suavité.

Le tems et les prétendues restaurations ont beaucoup endomagé ce tableau qui, à en juger par les beautés qui ont été conservées, devoit être regardé comme une des plus belles et des plus agréables productions de Géorgion.

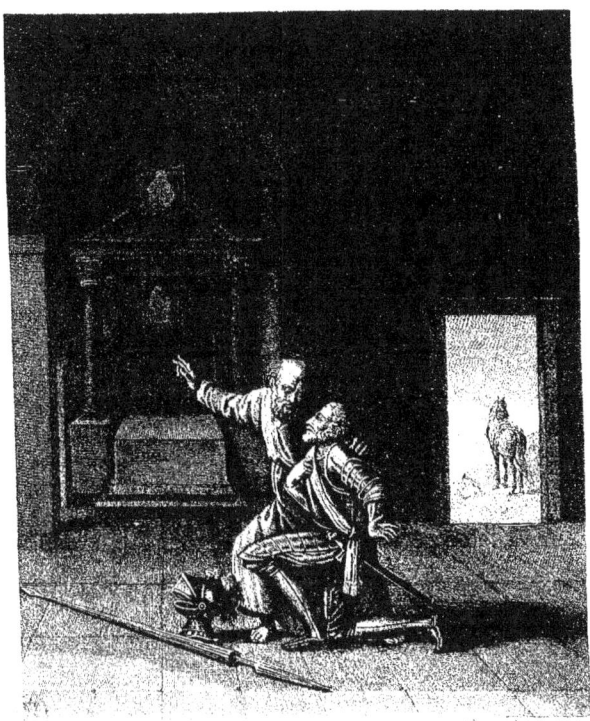

Peint par G.^e Giorgion.   Gravé par Ch.^s B.^n à Cologne

UN CHEVALIER BLESSÉ.
De la Galerie du Palais d'Orléans
ÉCOLE VÉNITIENNE.

VIIe TABLEAU DE GEORGE GIORGION,
DE CASTEL-FRANCO.

peint sur toile, hauteur, 1 pied 5 pouces, largeur 16cm.

On cherche en vain les traces des blessures du guerrier qui paraît plutôt en extase pour quelque vision
qui vient nous est inconnue. En ne respectant point l'ordre du tems, l'on pourrait présumer que le Chevalier est St Ignace
de Loyola consacrant ses armes à la Vierge Marie, et donnant son cheval aux religieux de N. D. de Mont-
Serrat, le Moine nous rappellerait le religieux françois qui le confessa. Mais le Giorgion mourut en 15.. et le
fondateur des jésuites ne fit la veille des armes et ne les suspendit à l'un des piliers du temple qu'en 1522.

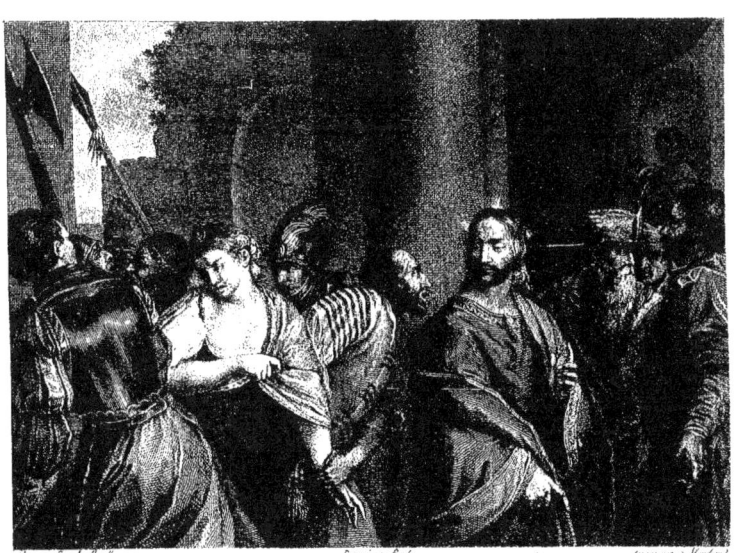

LA FEMME ADULTÈRE.
De la Galerie de S.A.S. Monseigneur Le Duc d'Orléans.

ÉCOLE VÉNITIENNE.

TABLEAU DE JEAN ANTOINE REGILLO,
dit PORDENON.

Peint sur Toile ayant de hauteur 3 Pieds 2 Pouces sur 5 Pieds 10 Pouces de large.

Monseigneur le Duc d'Orléans possède trois Tableaux de ce Maître.

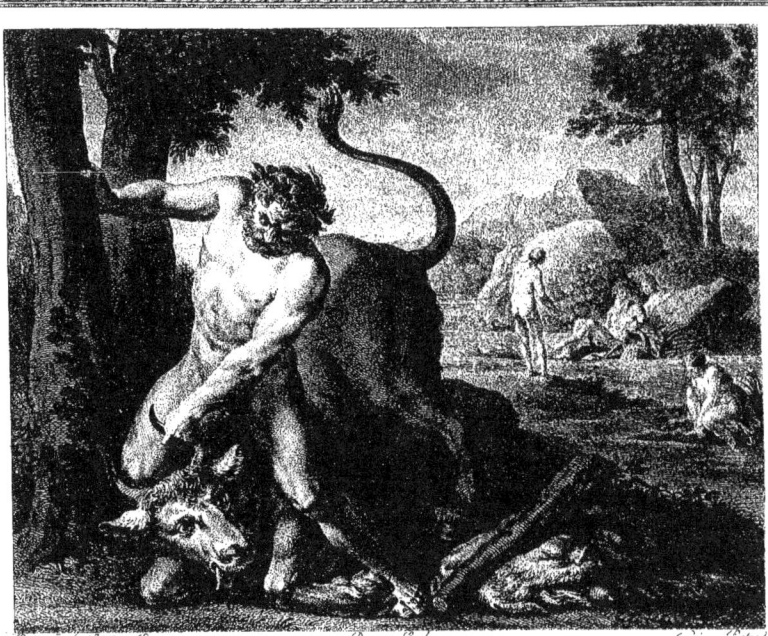

HERCULE ET ACHELOÜS.
De la Galerie de S. A. S. Monseigneur le Duc d'Orléans.

ÉCOLE VÉNITIENNE.

II.ᵉ TABLEAU DE JEAN ANTOINE REGILLO,
DIT PORDENON.

Peint sur Toile, ayant de hauteur 6 Pieds 1 Pouce, sur — Pieds 1 Pouce de large.

Déjanire fille d'Oenée étant recherchée en mariage par un grand nombre de héros, son Père la promit à celui qui vaincroit les autres. Hercule et Achelous, qui prétendoient à ce beau prix, combattirent l'un contre l'autre. Achelous fut vaincu malgré tous ses efforts; il prit ensuite la forme d'un Serpent, sous laquelle il fut encore défait, enfin celle d'un Taureau, sous laquelle il ne réussit pas mieux. Hercule l'ayant terrassé lui arracha une Corne et le contraignit d'aller se cacher dans le fleuve Thoas, qui fut depuis appellé Achelous; il daigna en esehange lui rendre la Corne d'Amalthée, ou la Corne d'Abondance pour avoir la victoire.

Les Ouvrages de Pordenon sont fort recherchés des connoisseurs. La beauté du Coloris, un Style grand et noble, un bon goût de Dessin et une grande facilité d'execution les firent souvent préférer à ceux du Titien. Cette préférence, comme on le croit, ne fut jamais l'effet du caprice ni de la mode; si l'on considère que le Titien lui même ne pouvoit voir sans émotion et sans une jalousie certaine les Ouvrages et les Succès d'un si célèbre rival.

Quoique le Sujet de ce Tableau soit assez ingrat, on y reconnoit un grand caractère de Dessin et un Coloris d'une grande force; mais à côté des beautés que l'on y remarque, on y apperçoit l'empreinte d'un Pinceau étranger et téméraire qui n'a pu parvenir à faire disparoître les dommages du tems.

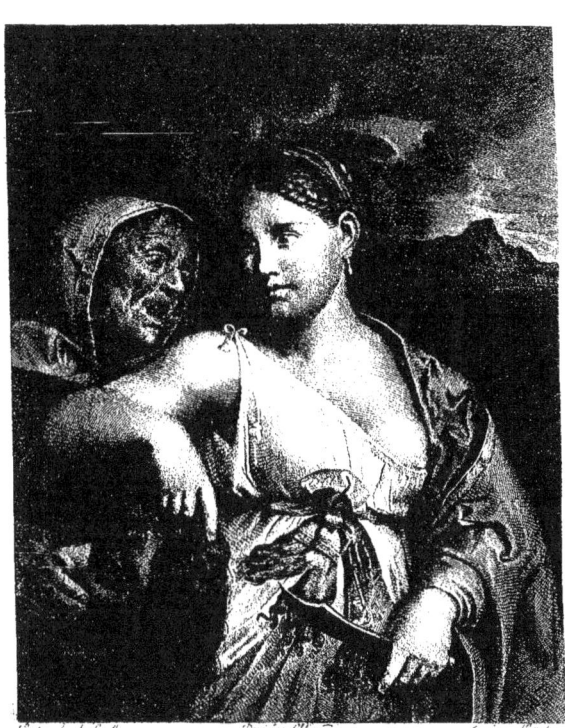

JUDITH ET HOLOFERNE.
De la Galerie du Palais Royal.

ÉCOLE VÉNITIENNE.

III.ᵉ TABLEAU DE JEAN ANTOINE REGILLO
DIT PORDENON.

Peint sur Bois, ayant de hauteur 2 Pieds 4 Pouces, sur 1 Pied 11 Pouces de large.

Judith jeune Veuve belle et riche, s'étant parée de ses plus beaux habits, s'introduisit dans le Camp d'Holopherne qui tenoit assiégée la Ville de Bethulie, et suivie dans la tente de ce Général il l'invita à un festin, mais pendant la nuit elle profita de son yvresse pour lui couper la tête. Cette Heroine est representée ici tenant d'une Main un Couteau et de l'autre la tête d'Holopherne qu'elle donne à sa servante qui témoigne beaucoup d'étonnement.

Ce Tableau est d'un Style de Dessein ferme et hardi, les Draperies sont bien rendues, la touche du Pinceau est vigoureuse et Liant et au Coloris on reconnoit le Pordenon l'un des plus grands Maîtres de l'École Vénitienne dont les talens et la Gloire ont plus d'une fois excité la jalousie du Titien et l'admiration de ses Emules.

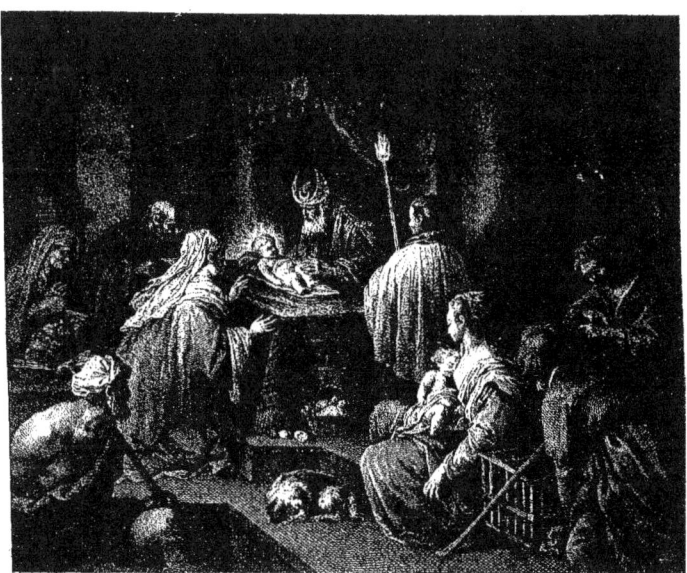

LA CIRCONCISION DE NOTRE SEIGNEUR

De la Galerie de S. A. S. Monseigneur le Duc d'Orléans.

ÉCOLE VÉNITIENNE

TABLEAU DE JACQUES DEL PONTÉ,

DIT LE BASSAN.

Peint sur Toile, ayant de hauteur 1 Pied 6 Pouces, sur 1 Pied 9 Pouces de large.

Monseigneur le Duc d'Orléans possède cinq Tableaux de ce Peintre.

Dans le grand nombre de Tableaux qui ornent la Galerie de M.gr. le Duc d'Orléans, celui-ci mérite une attention particulière : tous annoncent la finesse d'intelligence avec laquelle les Ombres et les Lumières sont distribuées, la grandeur du touché, la force et la beauté du Coloris : tout ce est d'un avent qu'il n'appartient qu'à un grand Peintre de savoir. Il est vrai qu'on pourrait reprocher au Bassan quelque mesquinerie dans les proportions et dans les draperies ; mais le tout ensemble produit un effet des plus agréables.

On connaît le Recueil de Circat, ou quelque de savoir secrets aux frais de cette Amateur qui lui a donné ai avons plusieurs tableaux des meilleurs Peintres et ou on voit quelques uns de la Galerie de M.gr. le Duc d'Orléans. L'un de ceux qui sont dans cet ouvrage au sujet du Bassan est à peindre aux pieds tournant qu'un si bon Peintre n'ait pas eu pouvoir le nud. ... il est vrai que le Bassan a presque toujours évité de mettre dans ses Tableaux. Un autre chose qui paraît encore plus extraordinaire, c'est que revenant en ceci aux principes des pieds nu de leurs corps étaient d'ailleurs pouvant pas plus difficile de peindre des pieds que des mains. Le Bassan avait et appris des Espagnols que c'est une indécence de montrer les pieds d'une figure nuds. Bien loin de le charger d'un tel préjugé, il faut plutôt croire que cela ne venait que de mauvaises habitudes, et il est bien fâcheux que quelqu'un n'en ait point averti ; comme il était ordinairement docile et sa carrière sans doute ... au milieu de ses plus grandes réputations, et dans le temps qu'il avait peine à suffire à la multitude d'ouvrages qui lui étaient demandés de toutes parts, et par ce qu'il se avait de plus grand, il aurait se mesurer avec les autres Peintres dont il avait rencontré la renommée ...

Jacques Del Ponté, prit le nom de la Ville où il naquit en 1510, à Bassano, située dans les États de Venise, et il mourut en 1592, âgé de 82 ans.

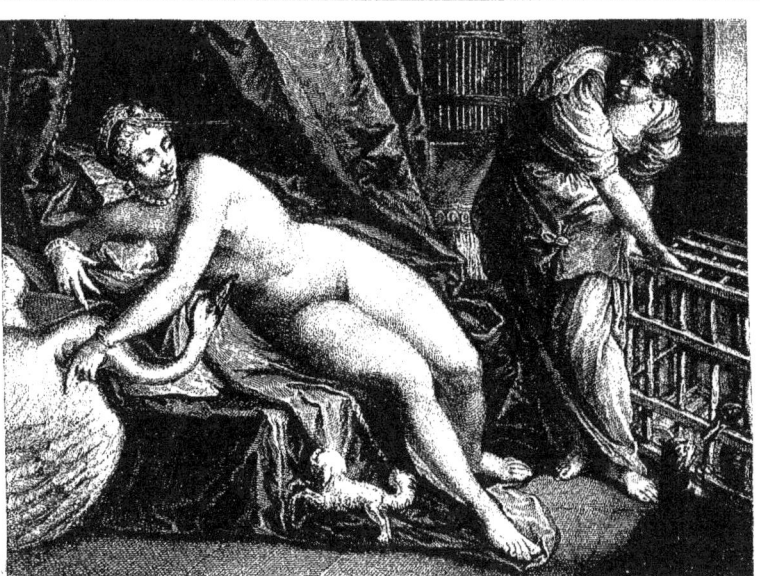

JUPITER ET LEDA.

De la Galerie de S. A. S. Monseigneur le Duc d'Orléans.

ÉCOLE VÉNITIENNE.

LE TABLEAU DE JACQUES ROBUSTI,
SURNOMMÉ LE TINTORET.

Peint sur Toile, ayant de hauteur 4 Pieds 4 Pouces, sur 6 Pieds 9 Pouces de large.

Monseigneur le Duc d'Orléans possède un Tableau de ce Maître.

Ce Tableau représente Léda et Jupiter transformé en Cigne. L'attitude de la femme est aisément bien développée, et l'on ne voit de dessin dans un peu de finesse et d'expression dans la tête. L'autre femme dont on ne dessine ni l'oreille ni la coiffure, est appuyée sur une tasse qui renferme un canard, un chat est auprès qui se quête d'un autre tasse où est un Pigeon, paroit passer sur une colonne. Ce sujet dont l'ordonnance a quelque chose de bizarre est d'un effet tres brusque par des contrastes peu harmonieux, les draperies ne sont pas étudiées mais de belles carnations et une touche ferme et spirituelle dédommagent les connaisseurs des défauts qu'ils remarquent dans ce Tableau.

Lucien Pontier a été plus inégal que le Tintoret. On disait à cause qu'il avait trois Pinceaux un d'or, un autre d'argent et un troisième de fer, qu'il employait suivant son caprice. Annibal Carrache écrivit à Louis Carrache, son Cousin, qu'il venait de trouver le Tintoret souvent égal au Titien, et aussi souvent au dessous de lui même, c'est qu'il était pauvre, qu'il cherchait à vivre et qu'il n'avait pas le temps de terminer ses ouvrages. D'ailleurs le feu qui l'animait et dont il n'était pas toujours le maître, le portait tantôt au sublime et tantôt le jettait dans des pensées outrées ou des incorrections. Cependant son Pinceau pour l'ordinaire est ferme, sa touche ingénieuse, son Coloris de bon goût, son travail aisé avec des carnations admirables.

Jacques Robusti, surnommé Tintoret, du diminutif du mot Italien Tintorello, qui signifie teinturier à cause que son père exerçait cette profession, naquit à Venise en 1512. Il fut peu de temps disciple du Titien, qui craignant d'être un jour surpassé par cet élève, trouva le moyen de le consulter de son école. Son génie et ses dispositions naturelles furent sa ressource et il se perfectionna en copiant le model en consultant les Statues antiques, en étudiant l'anatomie et en s'attachant particulièrement au dessein de Michel-Ange, au Coloris du Titien, qu'il tâcha toujours d'imiter. Il mourut à Venise en 1594, âgé de 82 ans.

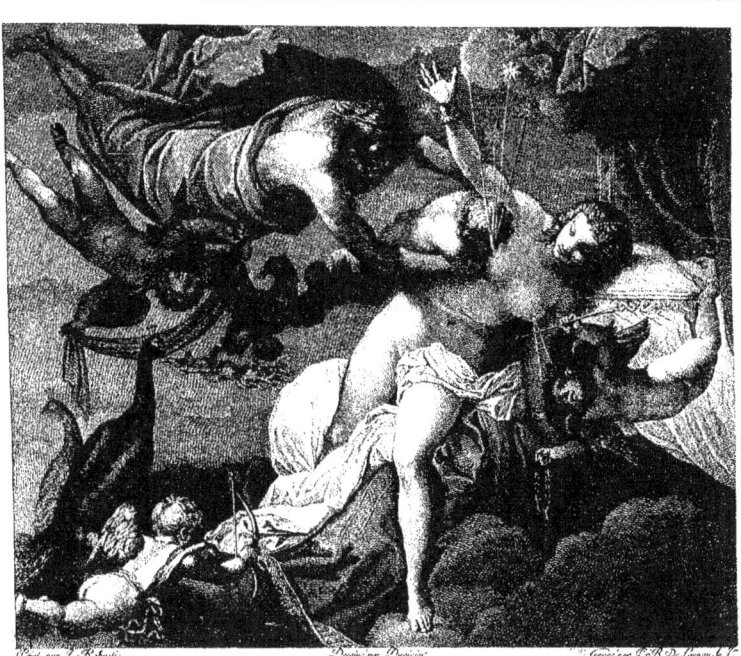

Peint par J. Robusti.   Dessiné par Duvivier.   Gravé par P. R. De Launay, le f.

L'ALAITEMENT D'HERCULE.

De la Galerie de S. A. S. Monseigneur le Duc d'Orléans.

ÉCOLE VÉNITIENNE.

IIe TABLEAU DE JACQUES ROBUSTI,
SURNOMMÉ LE TINTORET.

Peint sur Toile, ayant de hauteur 4 Pieds 8 Pouces, sur 3 Pieds 1 Pouce de large.

Hercule né de Jupiter et d'Alcmène, femme d'Amphitrion Roi de Thèbes, est représenté ici dans le moment où Jupiter le présente à Junon pour l'alaiter. La Fable nous dit que cette Déesse donnant à teter à cet Enfant, il lui pressa si rudement le Sein, qu'elle fit un effort pour se soustraire à la douleur qu'il lui causoit, dans cet instant son Lait jaillit, et forma sur la Voute Céleste, une trace lumineuse qui fut appelée Voye Lactée.

Il y a un beau mouvement dans cette Composition, l'attitude de Junon posée sur le bord de sa couche, est gracieuse et pleine de noblesse. Plusieurs et menus follâtrent autour d'elle, et l'Aigle et les deux Paons sont les Emblèmes des deux Divinités. Une Touche hardie, un Coloris vigoureux et un grand goût de Dessin font regarder ce Tableau comme un des bons de ce grand Maître.

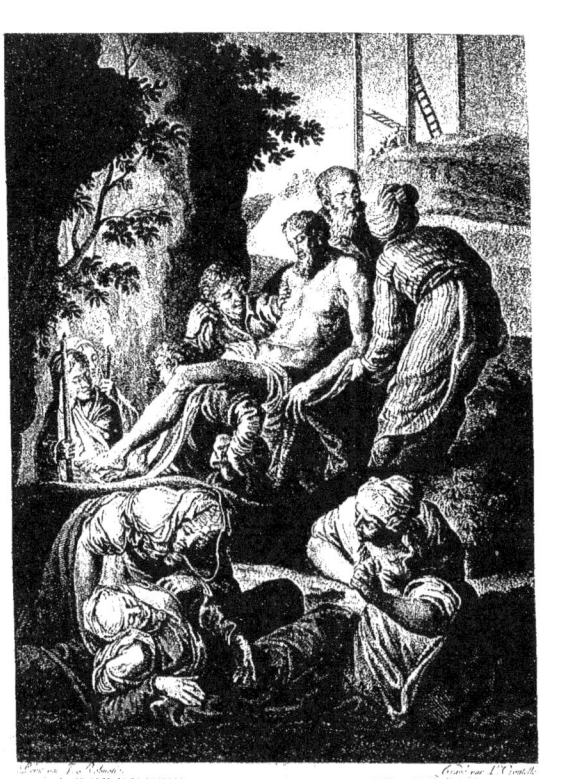

Peint par J. Robusti.   Gravé par F. Cantelli.

DESCENTE DE CROIX

De la Galerie du Palais Égalité.

ÉCOLE VÉNITIENNE.

III.ᵉ TABLEAU DE JACQUES ROBUSTI,
SURNOMMÉ LE TINTORET.

Peint sur Toile, ayant de hauteur 6 Pieds 3 Pouces, sur 4 Pieds 7 Pouces de large.

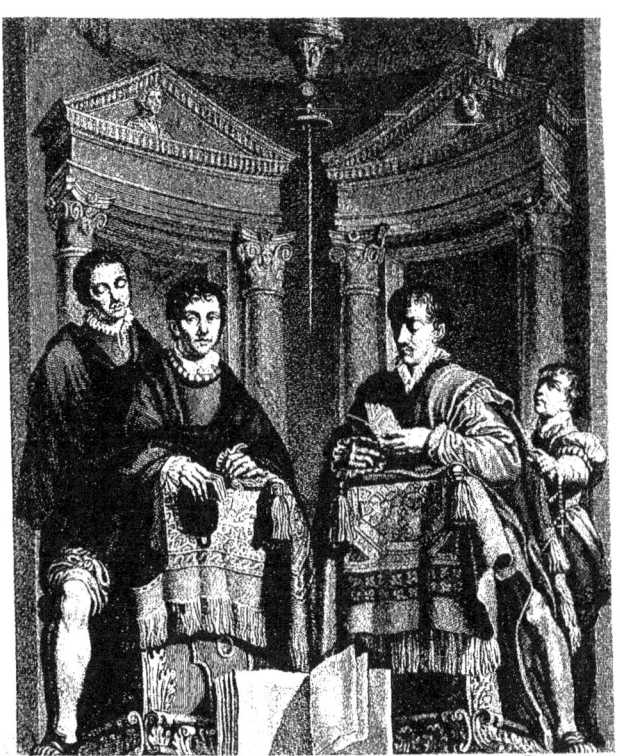

LES DUCS DE FERRARE.
De la Galerie du Palais d'Orléans.
ECOLE VENITIENNE.

IV.ᵉ TABLEAU DE JACQUES ROBUSTI,
SURNOMMÉ LE TINTORET.

Peint sur Toile, ayant de hauteur 6 Pieds 9 Pouces, sur 5 Pieds 9 Pouces de large.

Le Duc de Ferrare et son fils à genoux l'un à côté de l'autre, sur deux prie-Dieu, sont les principaux personnages représentés dans ce Tableau qui fait honneur au Pinceau de Tintoret. Ce Peintre, dit M.ʳ de Piles, a fait quantité de Portraits de différens mérites, selon le tems qu'il a employé, et selon l'argent qu'il en recevoit, les meilleurs approchent fort de ceux du Titien. Son Pinceau est très-ferme et très-savoureux, ses têtes vives et ses touches spirituelles. Enfin Tintoret est un modèle des plus capables de donner de l'ardeur à un jeune homme qui veut peindre avec un bon goût de Couleur une manière expéditive.

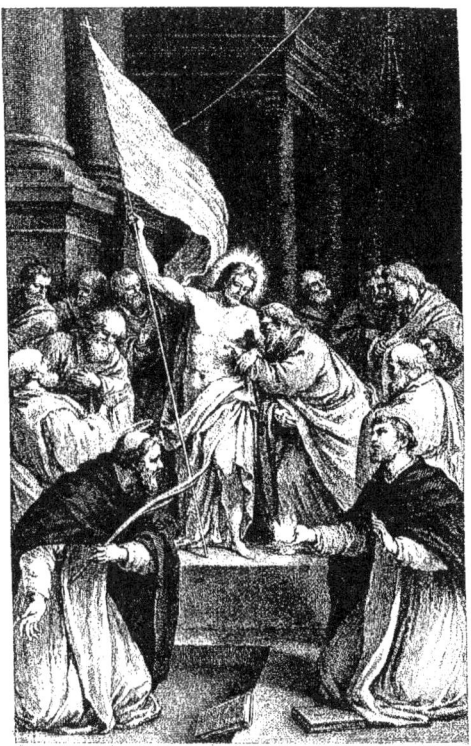

LA CONVICTION DE St THOMAS.

De la Galerie du Palais Royal

ÉCOLE VÉNITIENNE.

Vme TABLEAU DE JACQUES ROBUSTI,

SURNOMMÉ LE TINTORET.

Esquisse Peinte sur Toile, ayant de hauteur 1 Pied 6 Pouces, sur 10 Pouces de large.

Le Christ, debout et tenant un étendard blanc, surmonté d'une Croix, fait toucher sa plaie à l'Apôtre, qui doutait de sa résurrection. Les autres Disciples environnent Jésus, leurs attitudes expriment l'admiration et le respect. Sur le premier plan, on voit deux Réligieux (peut-être ceux qui commandèrent le Tableau, et que l'artiste aura désiré y introduire dans sa Composition.) L'un tient une Palme, l'autre semble présenter à J. C. une flamme, symbole mystique de l'ardeur de sa foi.

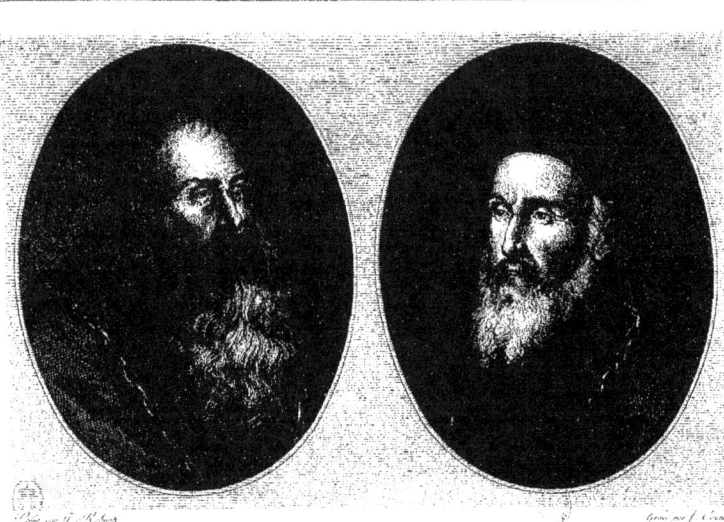

L'ARETIN.   LE TITIEN.

De la Galerie du Palais Royal.
ÉCOLE VÉNITIENNE.

VIe ET VIIe. TABLEAUX DE JACQUES ROBUSTI,

SURNOMMÉ LE TINTORET.

Peint sur Bois, Ovales, ayant de hauteur 2 Pieds, sur 1 Pied 6 Pouces de large.

N^o. L'Arétin était le fléau des Princes de son tems, il était l'ami des Artistes et des
Artistes dont il vantait et faisait valoir les Ouvrages. C'est peut-être par un sentiment de reconnaissance que
le Tintoret a peint le portrait du Titien son Ami, et celui du fameux Satyrique.

Tous deux sont dans un âge avancé, et décorés de la Chaine d'or qu'ils reçurent de Charles-Quint.

Ces deux Portraits sont d'une couleur chaude et vigoureuse, les détails en sont exécutés avec un soin qui
ne se trouve pas toujours dans les productions du Tintoret.

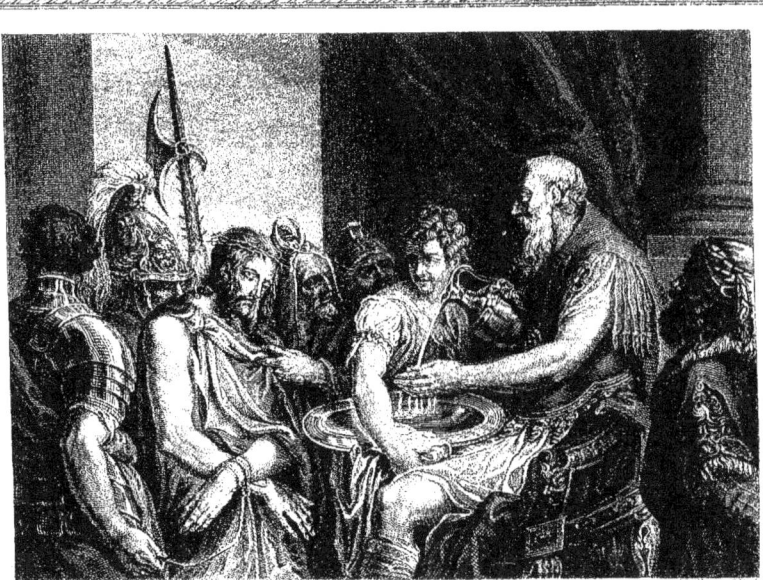

JESUS-CHRIST DEVANT PILATE

De la Galerie de S. A. S. Monseigneur le Duc d'Orléans

ÉCOLE VÉNITIENNE.

TABLEAU D'ANDRÉ SCHIAVONÉ,

Peint sur Toile, ayant de hauteur 3 Pieds 10 Pouces, sur 6 Pieds de large.

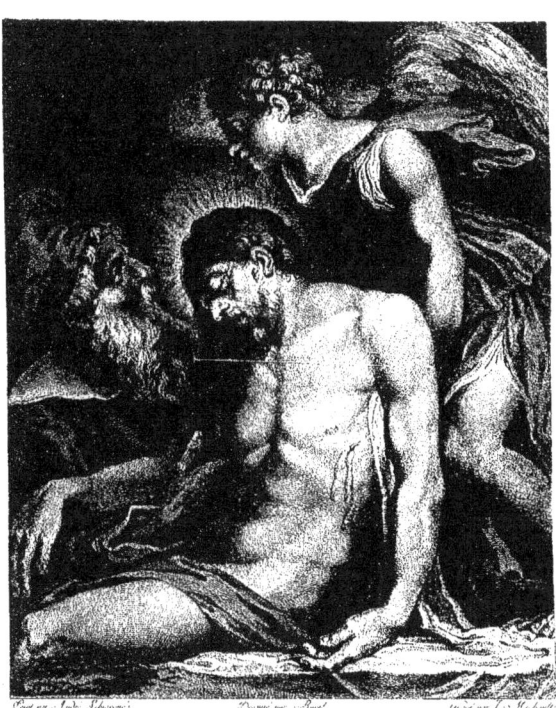

Peint par André Schiavoné.   Dessiné par Paul.   Gravé par J. Mechault.

UN CHRIST MORT.

De la Galerie de S.A.S. Monseigneur le Duc d'Orléans.

ÉCOLE VENITIENNE.

II.ᵉ TABLEAU D'ANDRÉ SCHIAVONÉ.

Peint sur Toile, ayant de hauteur 3 Pieds 6 Pouces, sur 2 Pieds 11 Pouces de large.

Ce Tableau qui est de la meilleure manière de André Schiavoné, représente Jésus-Christ mort, à l'instant où l'on le descend au Tombeau en présence de Nicodème qui le soutient; la douleur de ce Disciple du Sauveur du monde est exprimée d'une manière touchante.

Une grande liberté de Pinceau, un sentiment noble de Couleur, et un effet des plus piquants font regarder ce Tableau comme un des plus beaux de ce Maître.

On voit le même Tableau dans la Galerie Electorale de Dusseldorff. Le Schiavoné a seulement changé dans celui-ci la tête du Christ qui est de face et appuyée sur le bras de l'Ange.

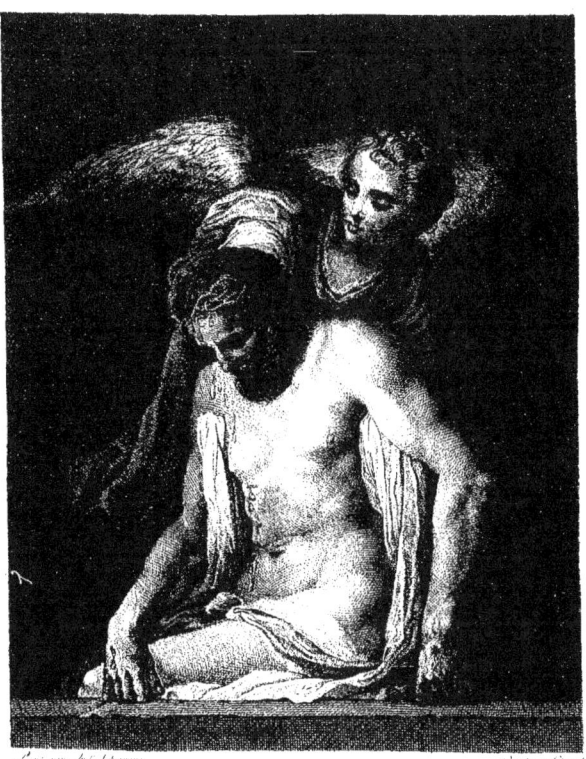

Dessiné par Ad.ⁿ Chasselat   Gravé par Ponce

CHRIST AU TOMBEAU
De la Galerie du Palais d'Orléans.
ÉCOLE VÉNITIENNE.

IIIe TABLEAU D'ANDRÉ SCHIAVONE.

Peint sur bois, hauteur 10 pouces, largeur 8 pouces.

Ce tableau, ou plutôt cette esquisse terminée, représente Jésus Christ mort descendu au tombeau par un ange, qui, en accompagnant quasi sur le second plan, le soutient et tenant un linge blanc semble vouloir l'envelopper.

Cette composition mistérieuse que l'on retrouve dans plusieurs tableaux de Supérieurs peintres habiles, n'a pas besoin d'être plus longuement décrite.

On peut placer cette production au rang le plus distingué de celles des élèves célèbres de Giorgione et de Titien.

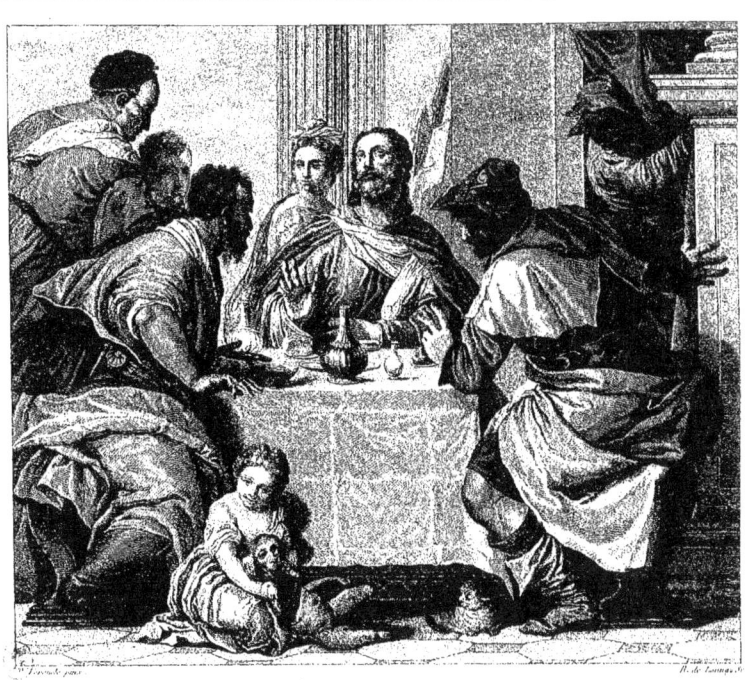

LES PÈLERINS D'EMAÜS
De la Galerie du Palais d'Orléans.

ÉCOLE VÉNITIENNE

1.ᵉʳ TABLEAU DE PAUL VÉRONÈSE.

Peint sur toile, Haut 5 pieds 4 pouces, Largeur 8 pieds 6 pouces.

Ce seroit une erreur de chercher dans les tableaux de Paul Véronèse la vérité des costumes: il la négligeoit, sans doute qu'elle étoit étudiée à son but et ne cherchoit qu'à plaire aux yeux et à les satisfaire. Il peignoit constamment les hommes de son siècle sauf à les habiller sous la draperie qu'il leur assignoit sans évoquer jamais les hommes des tems dont il traçoit les actions, pour en saisir le caractère et le costume distinctif.

Si dans cette représentation on peut prendre les *Pèlerins d'Emaüs* pour des vénitiens qui revenoient de S.ᵗ Jacques de Compostelle il faut avouer cependant que le Peintre a saisi l'instant de la scène le plus susceptible d'intérêt: le Christ les yeux élevés vers le Ciel va bénir les mets qui lui sont présentés ; l'un des convives le regarde avec attention, il n'a pas encore reconnu son divin maître. Le second n'est occupé qu'à faire exécuter les ordres qu'il a donnés. Parmi les spectateurs la femme et l'hôte dont l'épaule est couverte d'une serviette, prennent peu de part à ce qui se passe : ils sont accoutumés à voir des étrangers ; le jeune homme observe ; mais le nègre est le seul frappé des traits de lumière qui émanent de Jésus. On présume que le jeune enfant qui joue avec un chien n'a été mis sur le devant moins pour attirer les yeux que pour rompre la répétition des formes que les pieds des Pèlerins eussent présentées sans cet accessoire.

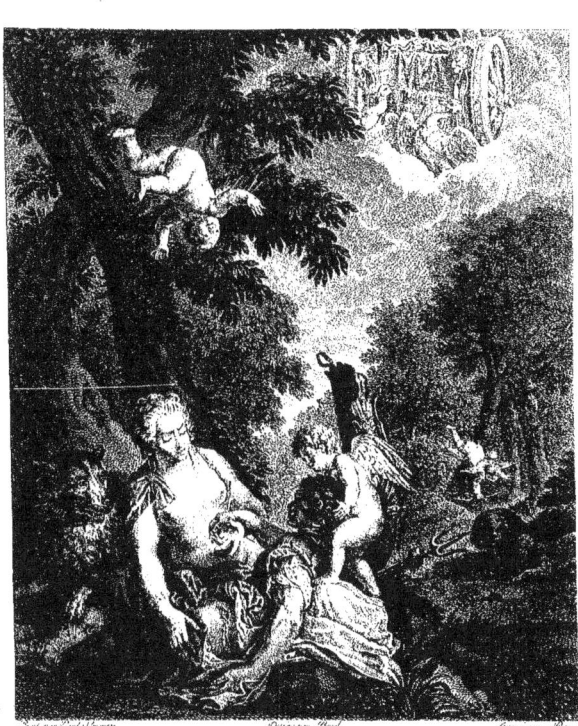

Peint par Paul Veronese. Paysage par Steel. Gravé par Pass.

LA MORT D'ADONIS.

De la Galerie de S. A. S. Monseigneur le Duc d'Orléans.

ÉCOLE VÉNITIENNE.

II.ᵉ TABLEAU DE PAUL CALLARI,
DIT VÉRONÈSE

Peint sur Toile, ayant de hauteur 7 Pieds, sur 5 Pieds 4 Pouces de large.

On reconnoît à l'exécution et à l'ensemble de ce Tableau le style d'un grand Maître. Le Groupe de Vénus et d'Adonis est de la grâce et de l'expression, et l'Amour qui soutient la tête du Chasseur infortuné, est un Épisode charmant. On regrette que les plans de ce Groupe soient équivoques, l'attitude de Vénus est indécise, et son corps est tronqué désagréablement; mais la fraîcheur du coloris, la fierté de la touche, et l'effet général de ce Tableau en font oublier les incorrections.

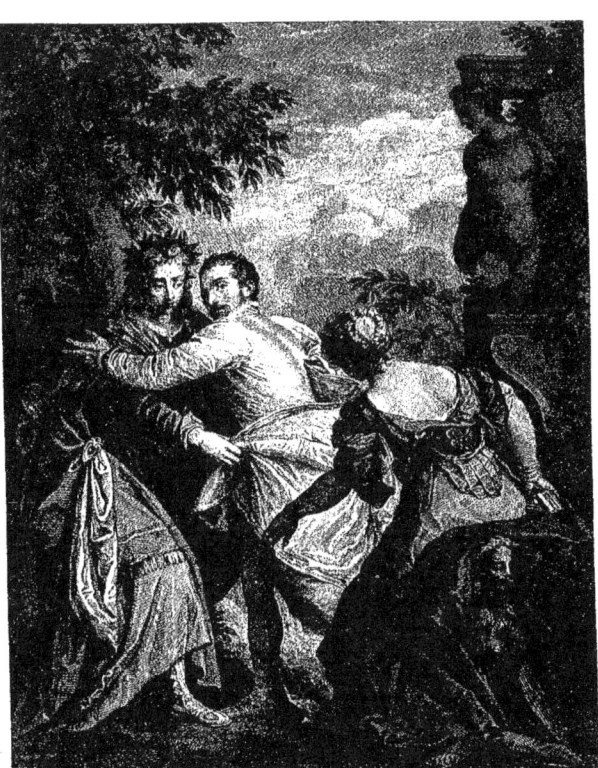

L'HOMME ENTRE LE VICE ET LA VERTU.

De la Galerie de S. A. S. Monseigneur Le Duc d'Orléans.

ÉCOLE VÉNITIENNE.

III.ᵉ TABLEAU DE PAUL CALIARI,
DIT VÉRONÈSE.

Peint sur Toile, ayant de hauteur 6 Pieds 8 Pouces, sur 5 Pieds 2 Pouces de large.

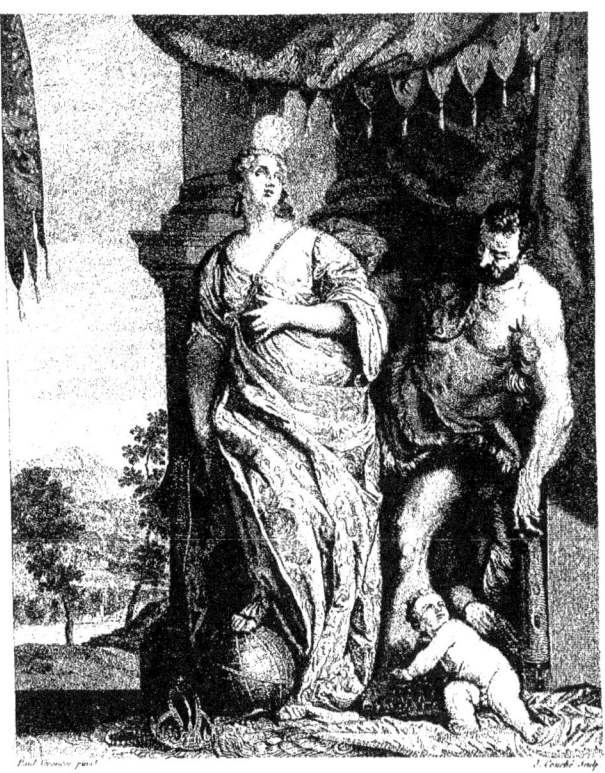

Paul Veronese pinx.t   J. Couché Sculp.

LA SAGESSE COMPAGNE D'HERCULE.

De la Galerie du Palais d'Orléans

ÉCOLE VÉNITIENNE.

N.º TABLEAU DE PAUL CALIARI
DIT VÉRONÈSE.

Peint sur toile, hauteur 6 pieds 8 pouces, largeur 5 pieds 2 pouces.

Près d'une colonnade, et sous une draperie magnifique qui laisse appercevoir dans le lointain un paysage agréable, la Sagesse, sous l'emblême d'une belle femme richement vêtue, la tête levée au ciel et surmontée d'un soleil, foule une sphère aux pieds. Elle paroît absorbée dans la contemplation, sur le socle du piédestal on lit ces mots: Omnia vanitas, tout est vanité. La terre est jonchée de joyaux et d'attributs de la souveraine puissance. Près d'elle un amour assis tient une épée et une couronne, et derrière cet enfant, Hercule chargé de la dépouille du lion de la forêt de Némée se repose sur sa massue.

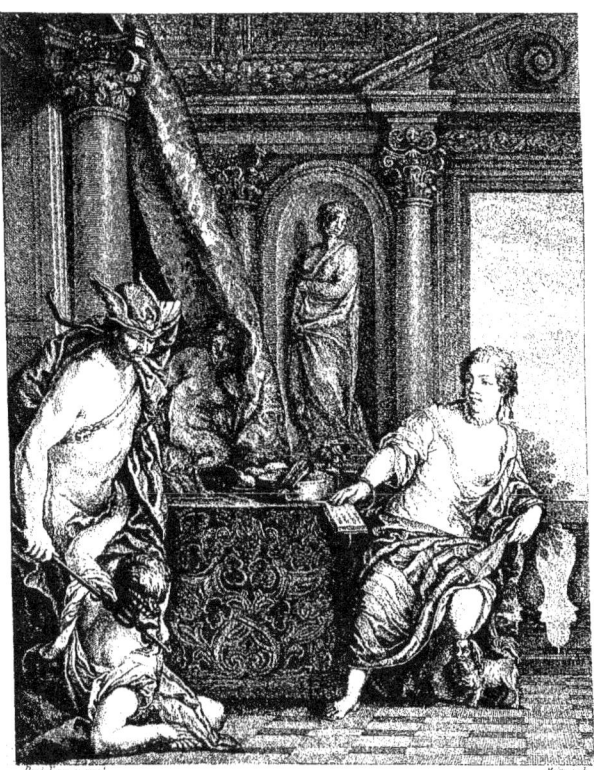

MERCURE, HERSÉ ET AGLAURE.

De la Galerie du Palais d'Orléans.

ÉCOLE VÉNITIENNE.

V.ᵉ TABLEAU DE PAUL CALIARI
DIT PAUL VERONÈSE

Peint sur toile, hauteur 7 pieds 1 pouce, largeur 6 pieds 4 pouces

C'est Hersé qui latone fille de Cécrops Roi d'Athènes sont enlevées Mercure d'anteur. Ce Dieu la touche avec son caducée et la métamorphose en pierre. Hersé négligemment assise, le sein à demi-nu, reste immobile à la vue de son amant. La tranquillité fait pressentir qu'elle ne voit pas encore dans ce cœur confident de ses amours, une rivale victime de la haine de Pallas.

Les connaisseurs qui regardent ce tableau comme l'un des plus parfaits de Paul Veronèse apportent ce témoignage de leur opinion, la signature du maître qui se rencontre assez rarement sur ses ouvrages.

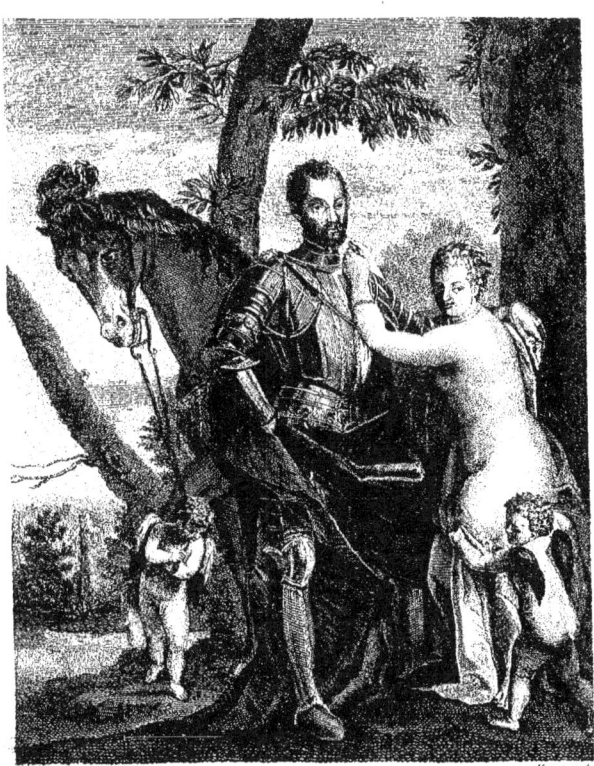

Paul Veronese pinx.   Maceret sculp.

MARS DÉSARMÉ PAR VÉNUS.

De la Galerie du Palais d'Orléans.

ÉCOLE VÉNITIENNE.

Vme TABLEAU DE PAUL VÉRONÈSE.

Hauteur 5 pieds 8 pouces, largeur 5 pieds 2 pouces.

L'on a prétendu que la femme qui ôte l'armure au guerrier n'étoit pas Vénus désarmant le Dieu Mars, mais la bien-aimée d'un héros qui cherchoit à le fixer au retour de ses exploits militaires. Cette explication pourroit satisfaire si l'on eût indiqué au moins avec quelque vraisemblance, son nom, ou celui de son amant, car la ressemblance qu'on trouve dans plusieurs personnages des tableaux de Paul Veronese, dont les estampes dans cette Collection se trouvent sous les N.os VI, VII, VIII, prouve seulement que le peintre, exact imitateur de la nature humaine s'est servi plusieurs fois des mêmes modèles. Il a été moins heureux dans la représentation des animaux. Le cheval qu'il a introduit dans cette composition est mal dessiné, et donne lieu à conjecturer que Paul Veronese se faisant à la fidèle de son mémoire, et n'ayant pas fréquemment l'occasion d'en peindre s'est contenté de le représenter sous une forme vague et arbitraire.

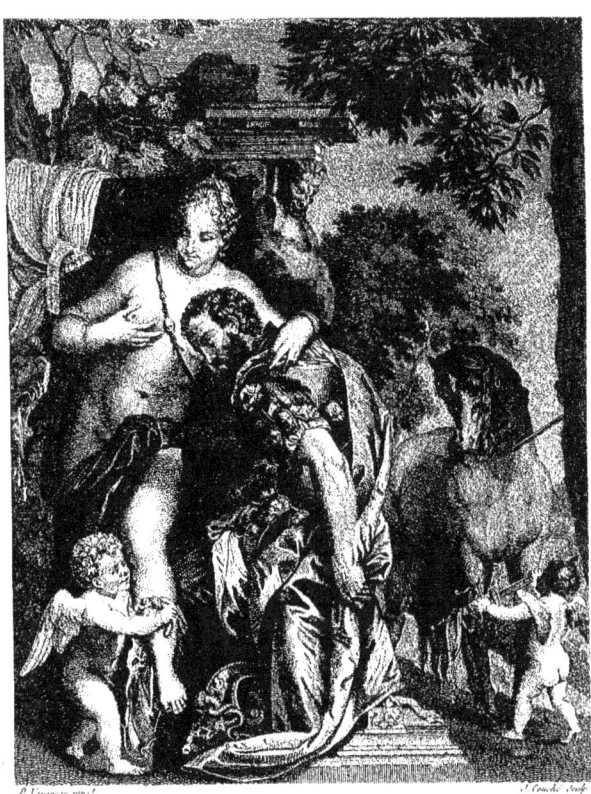

P. Veronese pinx.t J. Couché Sculp.

MARS ET VENUS LIÉS PAR L'AMOUR.

De la Galerie du Palais d'Orleans

ÉCOLE VÉNITIENNE.

VII.e TABLEAU DE PAUL CALIARI

DIT VERONÈSE.

L'on a prétendu que cette composition n'étoit pas seulement Mars et Venus enchainés par l'Amour, mais encore l'image des prouesses de ce redoutable tyran et de la volupté. Le Dieu de la guerre semble il est vrai, mésurer les liens dont il est enlacé, et qui sont cependant d'autant plus dangereux qu'ils paroissent impuissans. Il ose livrer sans défiance aux attraits de la beauté, la volupté l'enivre, il n'entend plus les hennissemens de son coursier généreux, impatient de le ramener au milieu des combats. Si l'on a saisi la pensée de Paul Veronèse, elle offre l'image assez fidèle de l'ivresse occasionée par l'Amour. Mais dans les Peintures de cet aimable enchanteur c'est moins la finesse de la pensée qu'il faut rechercher, que le charme de l'execution et la réunion d'objets agréables à la vue.

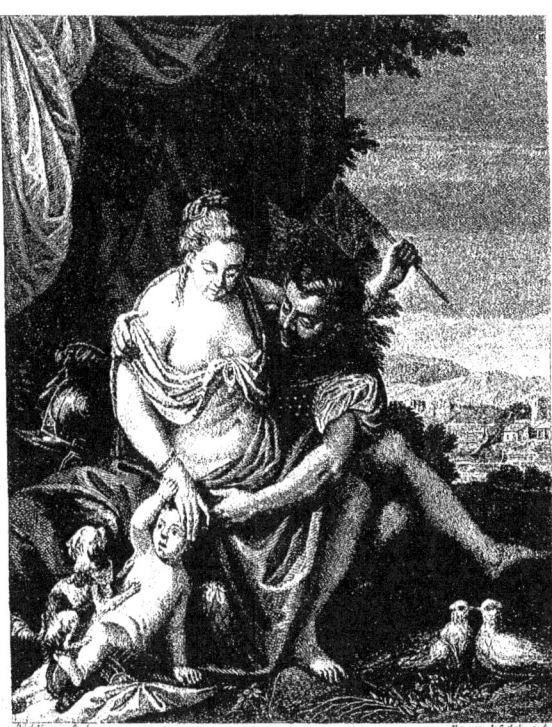

Paul Veronese Pinx. Beauvarlet & Catherin sculp.

MARS, VÉNUS ET L'AMOUR.

De la Galerie du Palais d'Orléans

ÉCOLE VÉNITIENNE.

VIIIème TABLEAU DE PAUL CALLIARI,
DIT VÉRONÈSE.

Peint sur toile hauteur 4 pieds 4 pouces largeur 3 pieds 4 pouces.

Le rideau d'un pavillon agréable, attaché par des draperies suspendues à un arbre, Mars, à demi-homme, est assis auprès de Vénus, et la tient étroitement embrassée. Deux Amours soustraient avec intérêt l'embonpoint de l'amour qu'un petit chien a renversé sur les vêtements de la Déesse. À leurs pieds deux colombes donnent des marques d'une tendresse réciproque.

Paul Véronèse en peignant l'union de Mars et de Vénus aurait il voulu désigner l'accointance fréquente à la mère des amours par cet écureuil, tué en forme de girouette qu'elle tient à la main, et celle de son fils par les gémissements qu'il semble pousser à cause de sa chaine et de l'obstacle que le chien symbole de la fidélité met à l'usage qu'il voudrait faire de ses ailes, en l'empêchant de se relever?

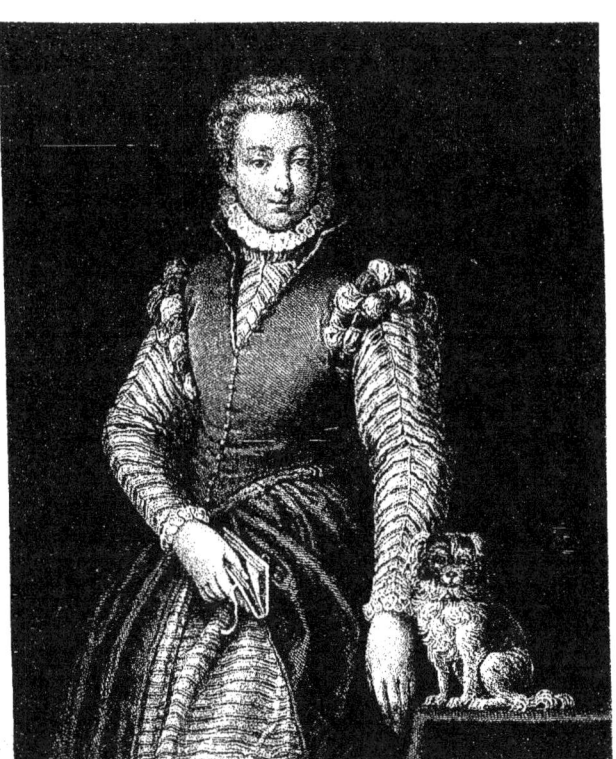

LA FILLE DE PAUL VERONESE.
De la Galerie de S. A. S. Monseigneur le Duc d'Orléans.

ÉCOLE VÉNITIENNE.

IX.ᵉ TABLEAU DE PAUL CALLIARI,
DIT VÉRONÈSE.

Peint sur Toile, ayant de hauteur 3 Pieds 2 Pouces, sur 2 Pieds 6 Pouces de large.

Tous les Portraits de la main de ce Maître portent l'empreinte du goût riche et noble qui lui étoit particulier dans le choix des draperies ou dans des vêtemens. Ce Portrait est celui de la fille de Paul Véronèse. Elle est debout, l'attitude en est élégante ainsi que le costume qui paroît être Vénitien. Elle tient un Livre, l'autre main tombe près d'une Table sur laquelle on voit un petit Chien à long poil blanc et roux, et que l'on retrouve dans quelques uns des Tableaux de ce Maître.

Ce Tableau est d'un bon effet, et toutes les parties en sont touchées avec le sentiment qui leur convient, et qui annoncent l'heureuse facilité et la hardiesse du Pinceau d'un grand Artiste.

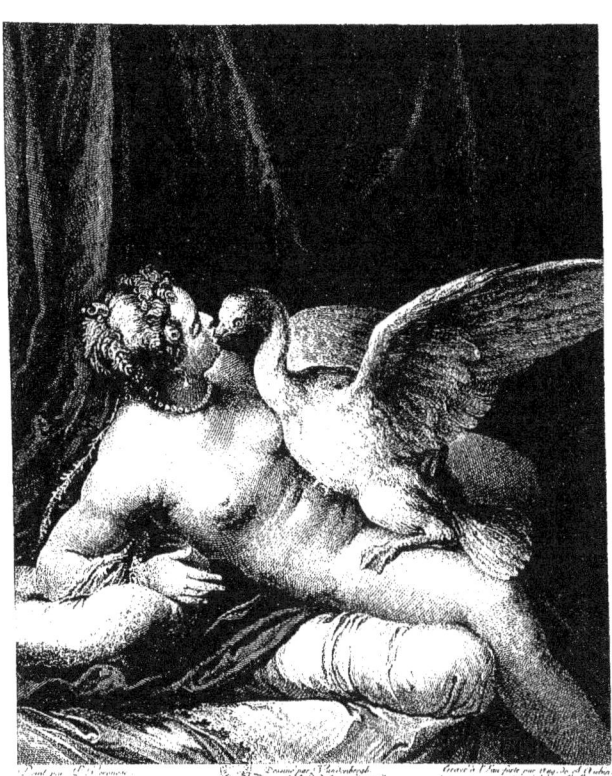

Peint par P. Veronese. Dessiné par J. Vanderberghe. Gravé à l'eau forte par Saint Aubin et terminé par C. Normand.

JUPITER ET LEDA.

De la Galerie de S. A. S. Monseigneur le Duc d'Orléans.

ÉCOLE VÉNITIENNE.

N.º TABLEAU DE PAUL CALIARI

DIT VERONESE.

Peint sur Toile, ayant de hauteur 3 Pieds - Pouces, sur 3 Pieds de large.

Ce Tableau dont la réputation est distinguée dans la Collection dont il fait partie, est en effet un des plus beaux Ouvrages de Paul Veronese. Indépendamment des grâces et de l'élégance du Dessin, on y admire surtout la fraîcheur et la transparence du Coloris, une touche de Pinceau ferme pour la légèreté et la finesse. Les Draperies et les autres accessoires offrent de belles oppositions qui concourent encore à élever l'intérêt du sujet par un effet des plus piquants et des plus harmonieux. Ce Tableau a l'avantage d'être bien conservé.

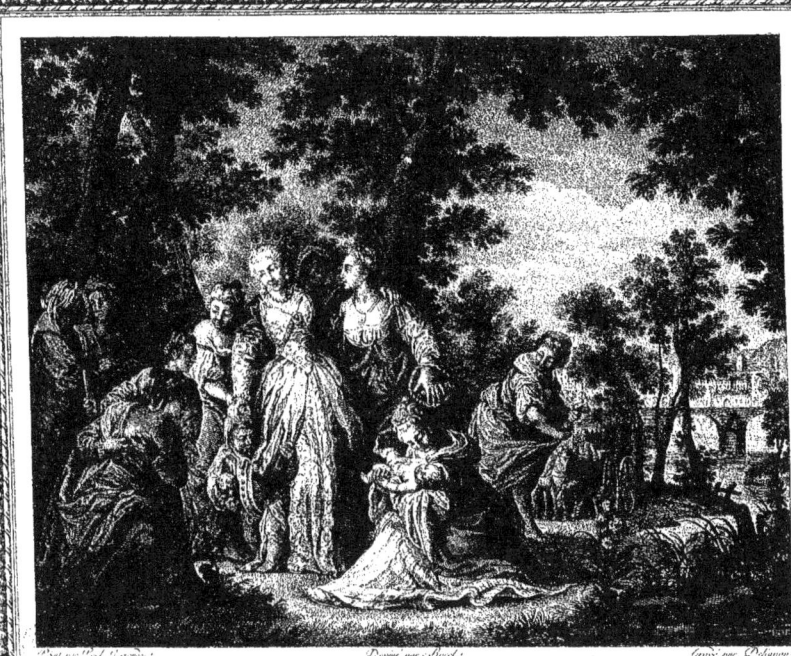

Peint par Paul Veronese.   Dessiné par Borel.   Gravé par Delignon.

MOYSE SAUVÉ.
De la Galerie du Palais Royal.
A.P. D.R.

ÉCOLE VÉNITIENNE.

XI.ᵉ TABLEAU DE PAUL CALLIARI,
DIT VERONESE.

Peint sur Toile, ayant de hauteur 6 Pieds, 5 Pouces, sur 7 Pieds 10 Pouces de largeur.

Pharaon Roi d'Égypte avoit ordonné de jetter tous les Enfans mâles des hebreux dans le Nil; Amram et Jocabed forcés d'obeïr à cet Ordre cruel mirent leur Enfant dans une Corbeille enduite de Bitume et l'abandonnerent au courant du Fleuve. Thermutis fille du Roi se promenant avec quelques-unes de ses femmes apperçut cet Enfant flottant à quelques pas du Rivage, elle le fit apporter et touchée de la beauté et des graces de cette innocente Victime Elle le fit nourir. Elle l'adopta ensuite pour son fils, le nomma Moyse et le fit élever à la Cour de son Père où il fut instruit dans les sciences des Égyptiens.

Jocabed qui n'avoit pas perdu de vüe son Enfant se presente à la Princesse pour en être la Nourice et l'obtient; la retenue que cette Mère met dans l'expression de sa tendresse pour n'être pas reconnüe, répand quelqu'intérêt dans cette scène qui est défectueuse à beaucoup d'égards, l'imagination bouillante et licencieuse de Paul Veronese l'a mal servi ici. Des anachronismes, une négligence outrée dans les Costumes et dans le choix du Site et de ses productions détruisent toute illusion, et l'on ne retrouve dans ce Tableau que la hardiesse du Pinceau l'effet et la Couleur qui caracterisent un grand Maitre.

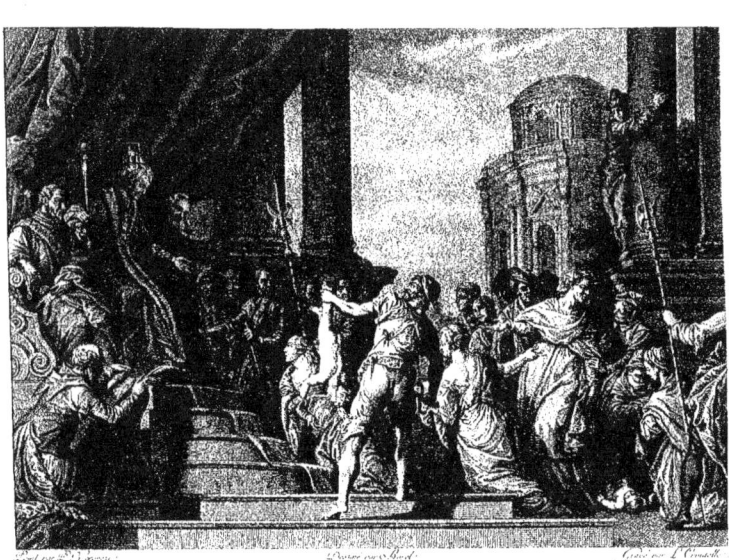

LE JUGEMENT DE SALOMON.
De la Galerie du Palais Royal.

ÉCOLE VÉNITIENNE.

TABLEAU DE PAUL CALIARI
DIT VÉRONÈSE.

Peint sur Toile, ayant de hauteur 5 Pieds 3 Pouces, sur 7 Pieds 2 Pouces de Large.

La richesse et la magnificence de cette Composition, la noblesse du Coloris et la beauté du Pinceau font oublier les négligences de Costume qui se apperçoit dans ce Tableau comme dans tous les Ouvrages de Paul Véronèse, dans lesquels il se ressent plutôt à orner la Scène de ses Tableaux en y mettant tout ce que son imagination lui présentait d'Eclat, de somptueux, de nouveau et d'extraordinaire qu'à le rendre convenable aux tems, aux Costumes et aux lieux.

Le Roi Salomon est en Riche Robe, ayant une espèce de Turban avec une Couronne et tenant son Sceptre, est sur son Trône sous un Pavillon d'Ecarlate. Deux Vieillards sont à ses côtés, un troisième est appuyé sur les Degrés du Trône tenant d'une main un Livre et de l'autre une Plume. La vraie Mère est à genoux sur le premier Dégré et marque par la Douleur de son voyage tournée du côté de Salomon, et par ses bras ouverts qu'elle aime mieux céder son Enfant que de le voir couper en deux, comme un bourreau bizarrement vêtu qui le tient par un pied, la tête en en bas semble prêt à faire, au lieu que cette cruelle situation ne paraît point toucher la fausse Mère qui est derrière aussi à genoux. Les Officiers de Salomon, Deux Gardes et des Spectateurs remplissent le reste du Tableau dont le fond représente un Vestibule.

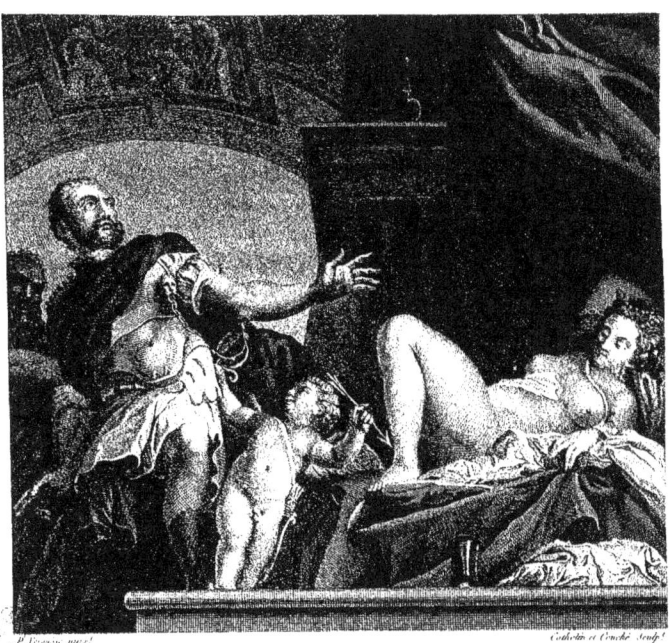

P. Veronese pinx.t Coutelier et Couché Sculp.t

LE RESPECT.
De la Galerie du Palais d'Orléans

ÉCOLE VÉNITIENNE.

XIII.e TABLEAU DE PAUL CALLIARI
DIT VÉRONÈSE.

Peint sur toile, hauteur et largeur 6 pieds.

Le Respect titre sous lequel on désigne depuis long-tems cette composition, fait naître une idée vague qui laisse avec l'imagination sous la juger. Le mot trouve ne employé par Ridolfi est moins conséquent, à tout fois : c'est à tableau qu'il a voulu indiquer sous l'explication de l'estampe N.° 4 d'après Paul Veronese en nuisant partie de la cinquantaine Veronese. Il a si ne guères peu douteux que Paul Veronese ait voulu peindre et constaure de quelque tableau ou donner une leçon de morale en représentant dans ce tableau les effets généreux d'un généreux résistant aux attraits de la volupté et d'une celui que nous venons de citer, on explore couronnés par un genre le contra. Le but est toujours le même. Ces beaux ouvrages perdent de bien près en sont de moins admirables, à cause de l'obscurité d'un fait particulier qui ne nous intéresse pas ou d'une allégorie dont le voile peu transparent n'offense que l'amour propre de ceux qui croient pouvoir tout connaître et tout expliquer.

Quoiqu'il en soit on découvre sur un lit placé dans un appartement magnifique une femme nue négligemment couchée et abandonnée sans défiance aux douceurs du sommeil. L'Amour enfant sollicite un guerrier à profiter du désordre de la belle endormie est entraîné loin d'elle, par un mentor prudent qui, le force à respecter l'honneur de la beauté imprudemment endormie, en le rappelle à l'exercice de ses devoirs et ne lui permet pas de s'abandonner aux charmes de l'amour.

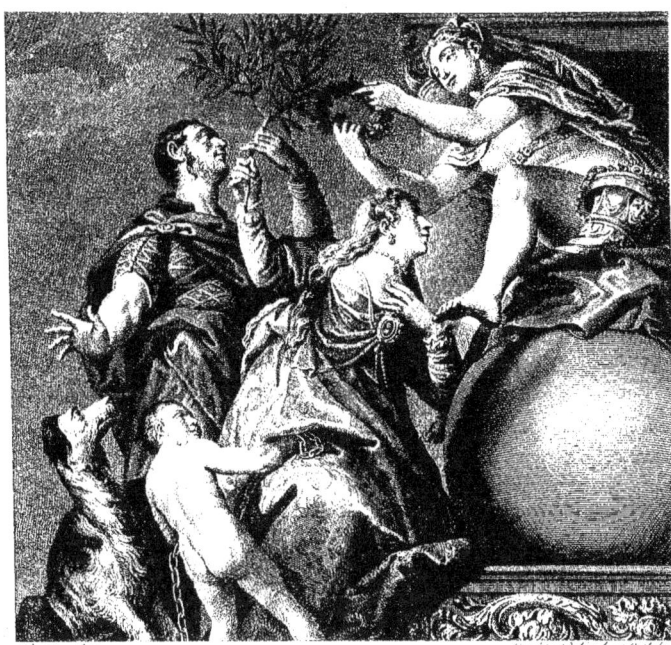

Peint par P. Veronese. *Gravé par Bejambe et Catholon.*

L'AMOUR HEUREUX.

De la Galerie du Palais d'Orléans.

ECOLE VÉNITIENNE.

XIV.ème TABLEAU DE PAUL VÉRONESE.

Peint sur toile, Hauteur et Largeur 5. Pieds 10. Pouces.

Il est difficile de deviner ce que Paul Véronese a exprimé dans cette composition Est-ce Vénus? Est-ce la fortune qu'il a voulu désigner par cette femme presque nue? La ceinture est l'emblème de la déesse de la beauté, le globe et la corne d'abondance sont les attributs de la fortune.

On lit dans Ridolfi que Paul Véronese attiré par Daniel Barbaro à Mascara vers de peintures le palais que Marc-Antoine père du patriarche d'Aquilée y avoit fait élever sur les dessins de Palladio. Il ajoute que Paul y avoit peint dans une salle décorée de colonnes et de Satyres feints de bronze quatres sujets allégoriques aux vertus et aux dignités de cette famille représentant la noblesse, le pouvoir absolu, l'honneur et la magnificence. Sont-ce ces mêmes tableaux parvenus dans la galerie d'Orléans sous des titres différens? On ne peut l'affirmer. Mais en admettant cette supposition il devient possible que celui-ci représente la magnificence parée des attributs de Vénus et de la fortune à cause des attraits qu'elle possede et du pouvoir qu'elle exerce, comblant de biens et de dignités un guerrier et sa compagne, que l'amour va enchainer sous la garde de la fidélité désignée par le Chien. L'Amour dépourvu d'ailes doit être constant c'est peut-être la raison qui a fait donner à ce tableau le titre de **L'AMOUR HEUREUX.**

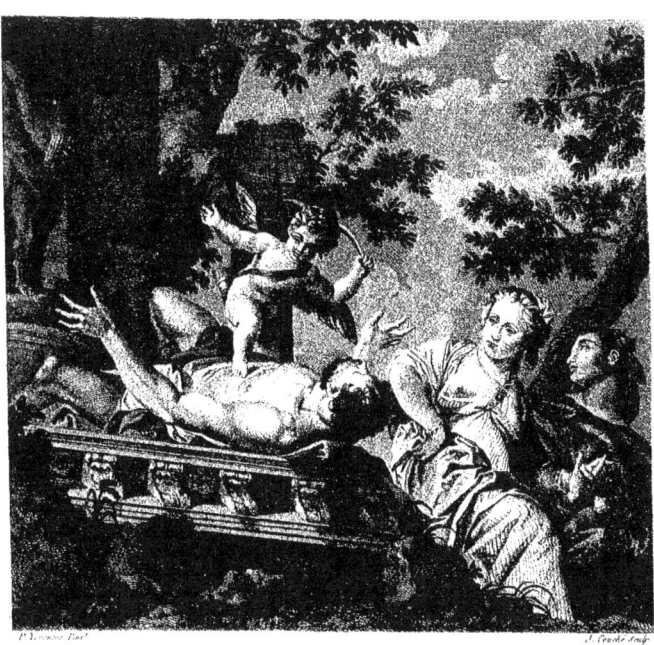

P. Veronese Pinx.t   J. Couché Sculp.

LE DÉGOUT.
De la Galerie du Palais d'Orléans.

ÉCOLE VÉNITIENNE.

XVe TABLEAU DE PAUL CALIARI
DIT VERONÈSE.

Peint sur toile, hauteur et largeur égales, 4 pieds 10 pouces.

Les premiers auteurs qui tâtèrent abus de l'allégorie et confondu les attributs que les anciens ne donnaient point indifféremment à toutes les figures symboliques, que leurs compositions sont pour la plupart devenues inintelligibles. Ce serait surtout à Paul Veronese que ce reproche pourrait s'appliquer s'il n'eût pas eu pour but de parler plus aux yeux qu'à l'esprit.

En supposant que ce tableau soit l'un de ceux dénommés par Ridolfi (Voyez l'explication du N.º XIV) il ne peut représenter que le penser absurd (La Consummazione) de l'amour surtout ce qui rejette si indignant également de la résistance qu'on lui oppose et des excès qui en sont suite s'induisent point. Le temple détruit et cette statue de nature mutilée annonce la ruine d'un lieu consacré à Priape, dont cet homme nu et renversé est peut-être l'un des sacrificateurs. L'Amour le foule aux pieds, dans sa colère il le menace du poids de son arc, et ne daigne pas employer ses flêches contre lui, pour désigner sans doute que l'impuissance le dégoût et le repentir sont la suite inévitable des sacrifices honteux offerts au Dieu de Lampsaque.

Ne peut on point présumer encore que cette femme dont la parure et le soin decouvert annoncent le désir de plaire se laisse néanmoins entraîner par la pudeur reconnaissable à sa coiffure modeste, et à l'hermine qu'elle porte, pour exprimer que si l'amour s'éteint dans les jouissances faciles, il se laisse enflammer de nouveau par les difficultés qui lui promettent de nouveaux plaisirs?

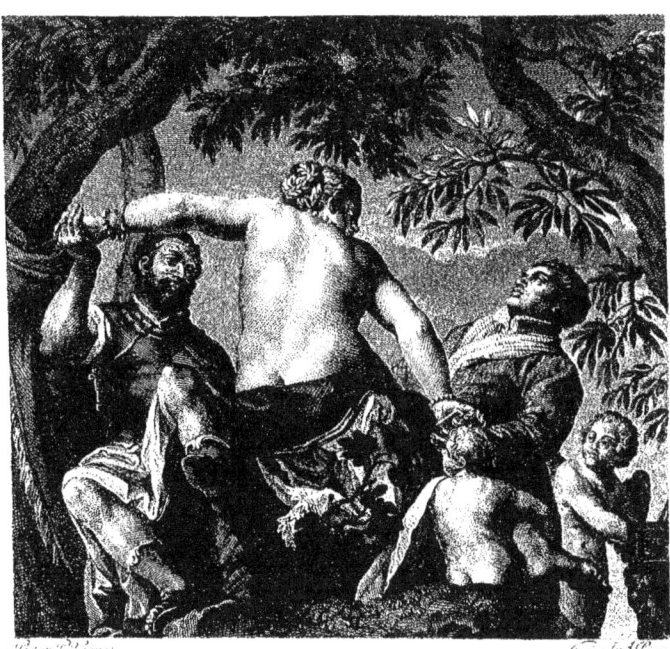

Peint p.^r P. Veronese.   Gravé p.^r J. P. Lunu.

L'INFIDÉLITÉ.

De la Galerie du Palais d'Orléans.

ÉCOLE VÉNITIENNE.

XVIe TABLEAU DE PAUL CALLIARI,

DIT VERONESE.

Peint sur Toile, ayant de hauteur 6 Pieds, sur 6 Pieds de large.

Ce Tableau est un des quatre de ce Maître qui décoroient le Salon Octogone du ci-devant Palais Royal; il représente une Courtisanne assise entre deux hommes épris de sa beauté et qu'elle abuse en même tems; elle serre la main à l'un tandis qu'elle glisse furtivement un Billet à l'autre en le faisant tendrement. Un Enfant témoin de ce Manège observe ce le plus âgé s'en apperçoit, et l'Amour placé derrière le plus jeune paroit attentif à ce manège de l'infidélité.

Cette Composition destinée pour être vue en Plafond donne lieu à des raccourcis qui paroîtroient contre l'élégance des figures si l'on en jugeoit sans faire attention au Point de vue que c'a a medité les Plans, les mouvemens, et toutes les parties. Ces sortes d'exécutions exigent l'intelligence d'un grand Maître, pour en surmonter les difficultés, et l'on remarque ici avec quel Art Paul Veronese a su rendre intéressant son sujet par la hardiesse de son Pinceau, le grand Style de son Dessin, le charme du Coloris et l'harmonie de l'Effet.

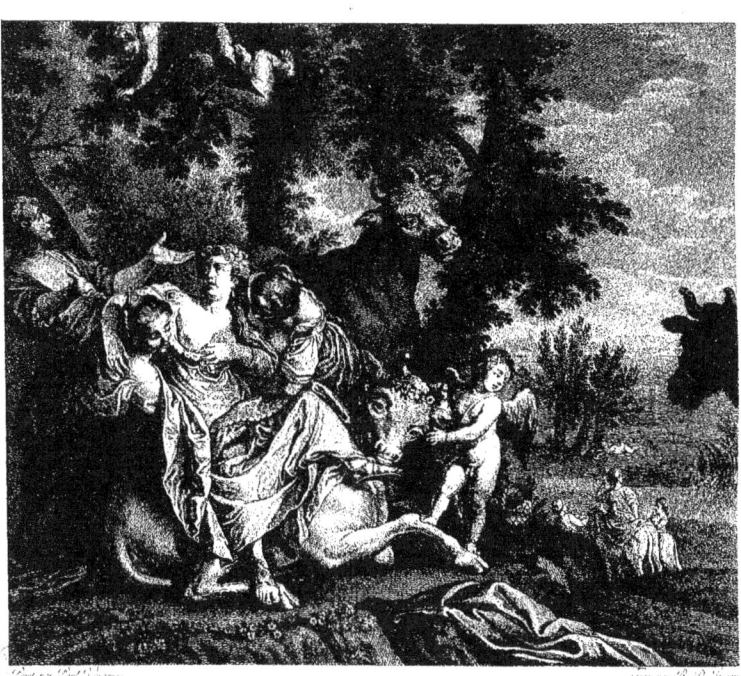

Peint par Paul Veronese. Gravé par R. P. Quant.

L'ENLEVEMENT D'EUROPE.

De la Galerie du Palais d'Orléans.

ÉCOLE VENITIENNE.

XVIIème TABLEAU DE PAUL CALLIARI dit VERONESE.

Peint sur Toile, ayant de hauteur 1 Pied 10 Pouces, sur 2 Pieds 1 Pouce de large.

Europe, fille d'Agenor Roy de Phenicie, etoit d'une beauté si parfaite, que Jupiter forma le dessein de l'enlever. Il prit la forme d'un Taureau blanc, et descendit sur le bord de la mer où cette jeune Princesse venoit se promener avec ses femmes. Frappée de la beauté singuliere du Taureau, Europe s'en approcha, le caressa, et en s'assit sur sa croupe. Ses compagnes la soutiennent sur ce docile et nouveau Coursier qu'elles ont couronné de fleurs. C'est ce moment que Paul Veronèse a saisi. Les Amours embellissent la scene qu'il represente. On reconnoit dans le style de cette production la main d'un grand Maitre, de la fraicheur dans le coloris et du piquant dans l'effet, une touche large et facile, de la richesse et de la vérité dans les étoffes, et des têtes gracieuses. L'Artiste a traité ce sujet avec tout l'interêt que pouvoient exprimer la richesse de son génie, et les graces de son pinceau.

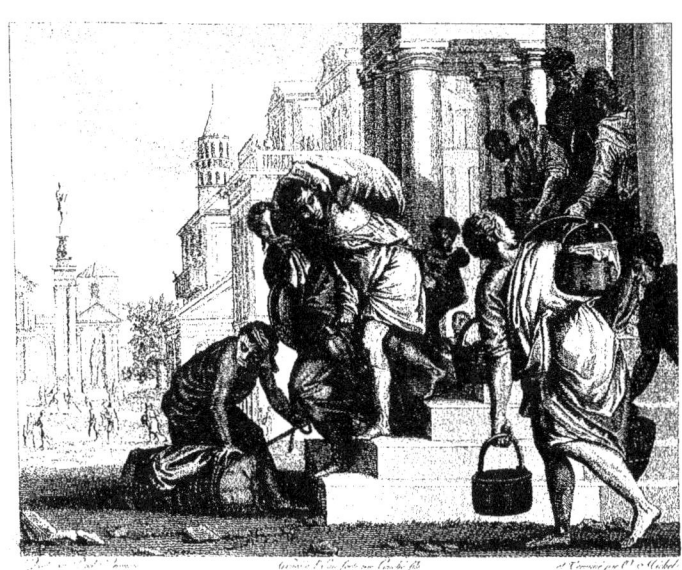

LES ISRAÉLITES SORTANT D'ÉGYPTE.

De la Galerie du Palais Royal.

ÉCOLE VÉNITIENNE.

XVIII.ᵐᵉ TABLEU DE PAUL CALIARI,

DIT VÉRONÈSE.

Peint sur Toile, ayant de hauteur 4 Pieds 2 Pouces, sur 3 Pieds 8 Pouces de large.

Paul Véronèse a représenté à sa manière, c'est à dire d'une façon très pittoresque, mais sans aucun égard pour les Costumes, les Israélites sortant de l'Égypte. Il a placé sur les Décors d'une espèce de Palais la Scène principale. Un homme emporte un sac sur ses épaules, Près de lui une femme tient de la mousolle et au Vase, Un autre Israélite achève de lier un paquet. L'homme qu'on voit sur le premier plan est chargé d'ustensiles de cuisine. Plusieurs autres que l'on apperçoit dans le lointain, ont déjà commencé à se mettre en route.

Ce Tableau n'est à proprement parler qu'une esquisse exécutée avec feu, et d'une couleur brillante, mais qui laisse beaucoup à désirer sous le rapport de la Correction.

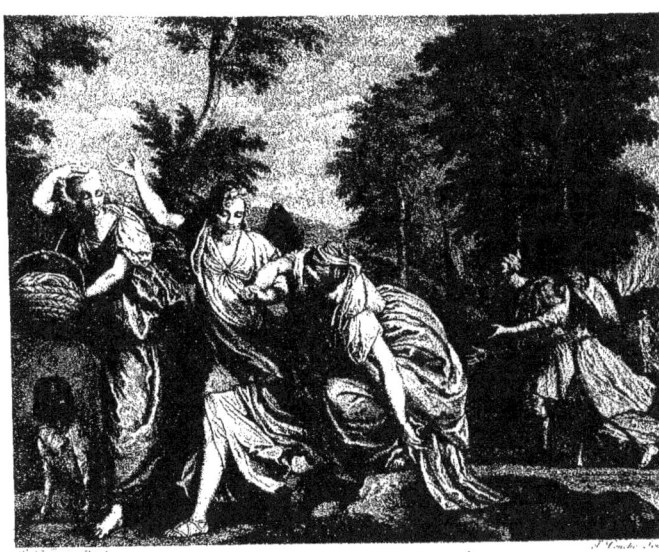

L'EMBRASEMENT DE SODÔME.

De la Galerie du Palais d'Orléans.

ÉCOLE VÉNITIENNE

XIX.e TABLEAU DE PAOLO CALIARI DIT PAUL VÉRONÈSE.

Peint sur toile. Haut 2 pieds 9 pouces. Larg. 3 pieds 8 pouces.

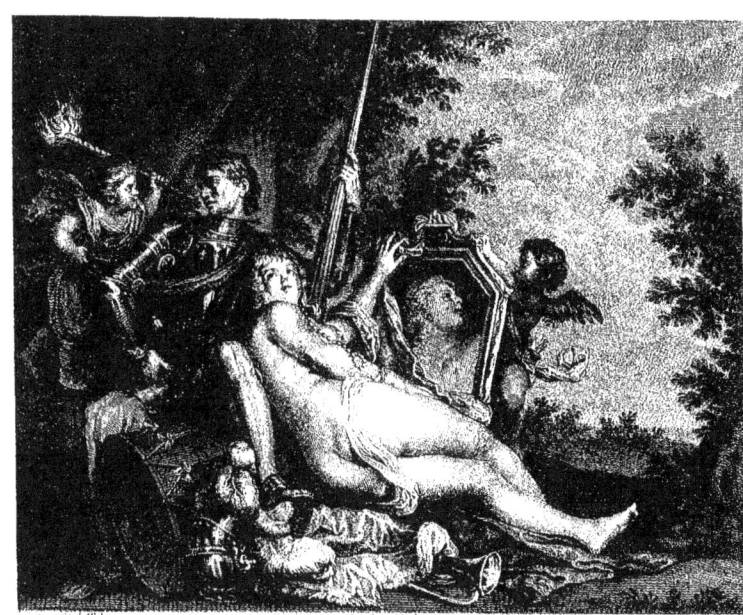

RENAUD ET ARMIDE.
De la Galerie de S. A. S. Monseigneur le Duc d'Orléans.

ÉCOLE VÉNITIENNE.

TABLEAU DE LOUIS LÉONI
DIT LE PADOUAN.

Peint sur Toile, ayant de hauteur 3 Pieds 6 Pouces, sur 6 Pieds 3 Pouces de large.

Monseigneur le Duc d'Orléans ne possède que ce seul Tableau de ce Maître.

Il paroît certain que l'Auteur de ce Tableau a voulu représenter Renaud dans les Jardins enchantés d'Armide, et les amours de ce jeune Héros et de la Magicienne. Ce ne peut être Mars et Vénus, comme l'indique le Catalogue des Tableaux du Palais Royale, car leur armures ressemblent à celles des preux Chevaliers. Mars auroit des armes comme les anciens Grecs, le Tambour d'ailleurs y seroit placé d'une manière encore plus impropre. Le Paysage cependant ne retrace guère ces Jardins charmans des quels le Tasse fait une si belle peinture. Ce Poëte étoit trop délicat pour donner à penser à son Lecteur qu'Armide pût être aussi déshabillée que nous la voyons ici et dit même qu'elle avoit soin de laisser entrevoir, et de cacher à son amant les lis de son beau Sein. Renaud n'est ni beau ni jeune cependant, selon le Tasse, il devoit réunir ces deux qualités, puisqu'il n'avoit pas 18 ans et qu'il ressembloit à l'Aurore: ce qui pourroit faire croire que c'est un portrait.

Sans nous arrêter à la négligence du costume et des bienséances qu'on remarque dans presque tous les Ouvrages des Peintres Vénitiens, il suffit de considérer dans ce Tableau les beaux tons, la couleur, le grand relief et la belle ombre que la figure de la fémme fait voir principalement.

Louis Leoni naquit à Padoue, mais il passa sa vie à Rome, où il fut connu et estimé des grands avec les quels il savoit familière- ment. Il peignoit également bien l'Histoire et le Paysage, il modeloit parfaitement une Statue et il gravoit des Médailles admirables qu'on préféroit aux antiques. Il acquit sur tout une grande réputation avec ses portraits en cire qui étoient d'une ressemblance frappante.

Il fut père du Chev. Octave Leoni du quel nous avons quantité de portraits très bien dessinés et gravés. Louis mourut vers l'an 1606 âgé d'environ 75 ans.

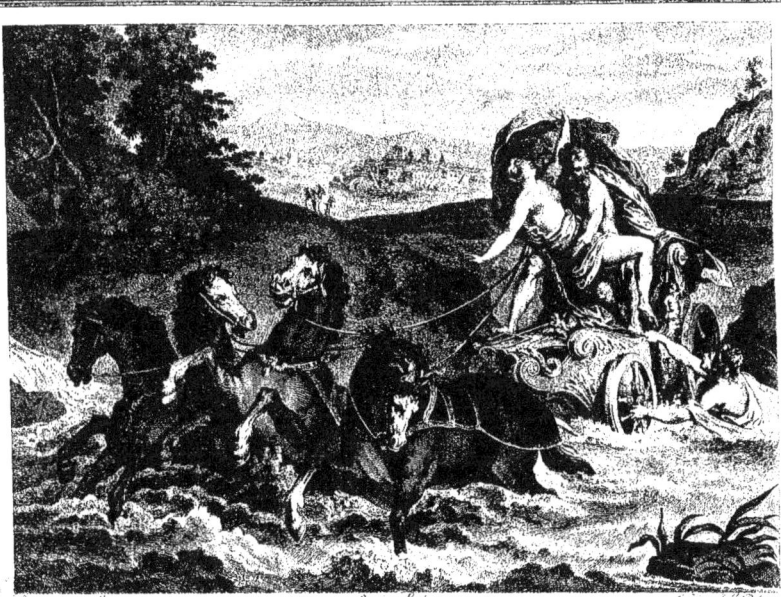

L'ENLÈVEMENT DE PROSERPINE.

De la Galerie de S. A. S. Monseigneur le Duc d'Orléans.

ÉCOLE VÉNITIENNE.

TABLEAU DE LAMBERT SUSTER.

Peint sur Toile, ayant de hauteur 2 Pieds, sur 3 Pieds de large.

Monseigneur le Duc d'Orléans ne possède qu'un Tableau de ce Maître.

Ce Tableau a beaucoup souffert; on y reconnait cependant un bon goût de couleur et un faire libre et moëlleux.

Il paroit que le Peintre a représenté le moment où Pluton après avoir enlevé Proserpine et traversé plusieurs Lacs, arrive enfin à celui de Cyané, la Nymphe de ce nom sort de ses Eaux, et veut ensuite s'opposer à son passage.

Lambert Suster étoit de Munich en Bavière; il alla jouer encore à Venise avec Christophe Schwartz son Maître. Tous les Peintres étrangers y étoient alors attirés par la réputation du Titien, et y étoient arrêtés par le charme de ses Ouvrages, et par l'utilité qu'ils en retiroient. Lambert resta quelques années dans l'École du Titien, étudiant dans ses Tableaux où il puisoit sourtout le Paysage, il en faisoit également pour le Tintoret. Quoiqu'excellent Paysagiste, il traitoit aussi l'Histoire dans un bon style. Voici comme s'exprime Sandrart à son égard. In historiis pingendis excellebat, quas multi gnari, ordine optimo et ingenio felicissimo disponere poterat, ut ipsa plus satis testantur ejusdem Opera. Il faut certainement que sa réputation fût bien établie en Italie, puisque nous trouvons qu'il fût chargé de différens Ouvrages pour des Églises de Padoue, et de Brescia, et pour nombre d'amateurs éclairés de ce tems là.

Les Auteurs qui ont parlé de lui ne nous ont point transmis l'année de sa naissance, ni celle de sa mort.

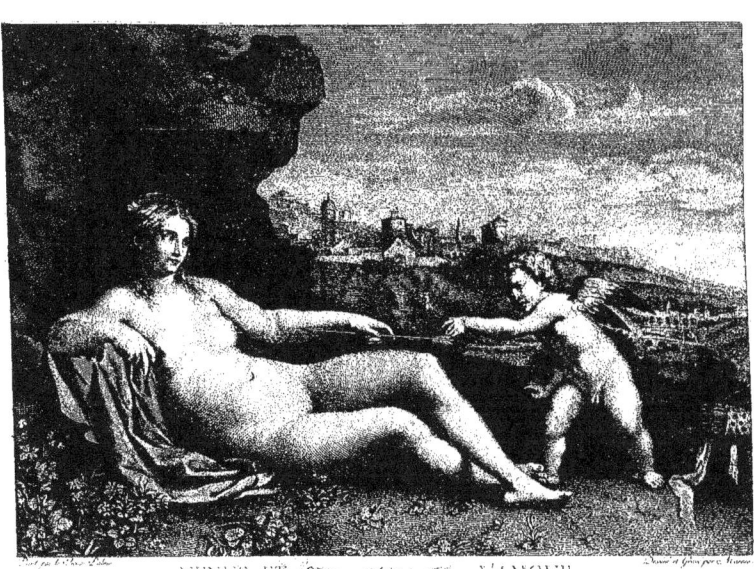

VENUS ET L'AMOUR.
De la Galerie de S. A. S. Monseigneur le Duc d'Orléans.

ÉCOLE VÉNITIENNE.

TABLEAU DE JACQUES PALME.
DIT LE VIEUX PALME.

Peint sur Toile ayant de hauteur 3 Pieds 6 Pouces sur 6 Pieds 3 Pouces de Large.

Monseigneur le Duc d'Orléans possède six Tableaux de ce Maître.

Ce Tableau est ancien, mais il est encore assez bien conservé pour qu'on y admire le goût fin et l'expression heureuse que le Vieux Palme a su y répandre, particulièrement dans la figure de Vénus. Les cheveux de cette Déesse sont agréablement disposés; le tour de sa tête est aisé et sans affectation; la beauté de son cou est très-remarquable. Elle étend le bras gauche avec complaisance pour donner une flèche à l'Amour, dont l'impatience est aussi bien exprimée sur la figure que dans l'attitude. La roche qu'on voit derrière Vénus est d'un ton vigoureux qui soutient harmonieusement l'effet des masses de lumière. Le fond du Tableau est occupé par une Ville assise sur un terrein élevé, au pied duquel on voit serpenter une rivière, et un pont qui la traverse. Le tout est animé d'un coloris beau, clair et d'une grande vérité. On désirerait seulement que le Ciel fût d'un ton plus léger; mais peut-être faut-il attribuer ce défaut au temps et non à l'auteur.

Jacques Palme, surnommé Le Vieux, non à cause de son grand âge, puisqu'il mourut assez jeune, mais pour le distinguer de son neveu connu sous le nom de Palme le Jeune, naquit à Serinalta en 1540. On l'envoya à Venise pour entrer dans l'école du Titien, où il ne tarda pas à se distinguer parmi les autres élèves. Sans atteindre au moelleux du Pinceau de son maître, sa manière fut si conforme à la sienne, qu'on le choisit, après la mort du Titien, pour mettre la dernière main à un Tableau d'une Descente de Croix, et il s'en acquitta avec beaucoup de succès.

Palme Le Vieux mourut à Venise en 1588, âgé de 48 ans.

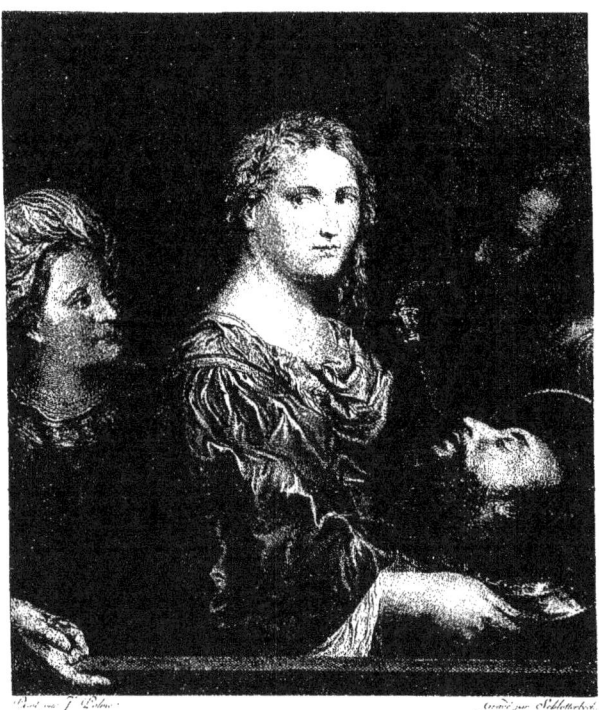

Peint par J. Palma. Gravée par Schlotterbek.

HÉRODIAS.
De la Galerie du Palais d'Orléans.
ÉCOLE VÉNITIENNE.

D'APRÈS LE TABLEAU DE JACQUES PALME,
DIT LE VIEUX PALME.

Peint sur Toile, ayant de hauteur 2 Pieds 8 Pouces, sur 2 Pieds 5 Pouces de large.

L'on remarque ici comme dans tous les Tableaux de J. Palme, plus de fini que de goût et de correction : dans le Dessin ; mais le moelleux et la douceur de son Pinceau, l'étude soignée de chaque Objet en particulier rachètent les négligences dans les autres parties et surtout dans les Ouvrages de ses premiers tems, où l'on retrouve la fraîcheur et l'amabilité du Coloris de Titien son Maître.

Le Tableau qu'on a ici sous les yeux, représente Hérodias portant dans un plat la Tête de S. Jean Baptiste; le personnage principal paroît être un Portrait, le fini le plus précieux, la belle teinte des couleurs, la fraîcheur des Carnations et la douceur de l'Effet qui en résulte, peuvent faire regarder ce Peintre comme un des meilleurs Élèves de l'École du Titien.

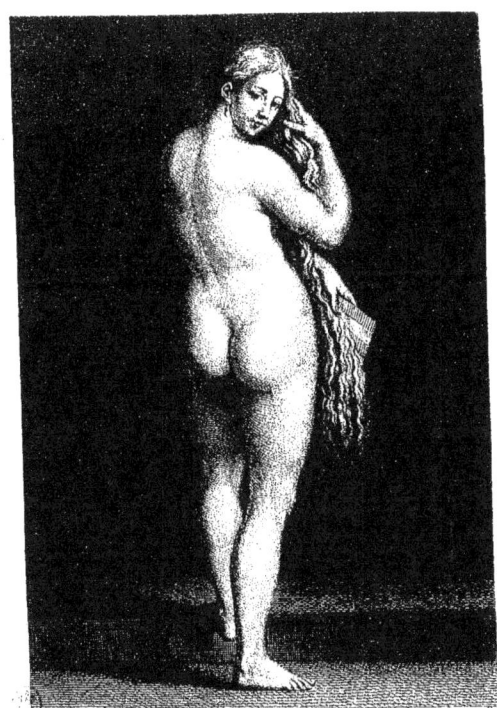

VÉNUS QUI SE PEIGNE.

De la Galerie de S. A. S. Monseigneur le Duc d'Orléans.

ÉCOLE VÉNITIENNE.

TABLEAU DE JACQUES PALME,

DIT LE VIEUX PALME.

Peint sur Bois, ayant de hauteur 3 Pieds, sur 2 Pieds 6 Pouces de largeur.

Cette charmante figure de femme vue par le dos, mais dont la tête retournée laisse voir un caractère fin et gracieux, est sans doute un Portrait: Une superbe chevelure que sa main droite ramène devant elle et qui lui descend jusqu'aux genoux, fait toute sa parure; son attitude est simple et aisée, le dessein en est pur et coulant, et rend avec élégance les belles formes et les graces de la jeunesse.

Le dommage que ce Tableau a éprouvé par le tems et les prétendus restaurateurs, fait regretter le coloris dont on ne peut juger.

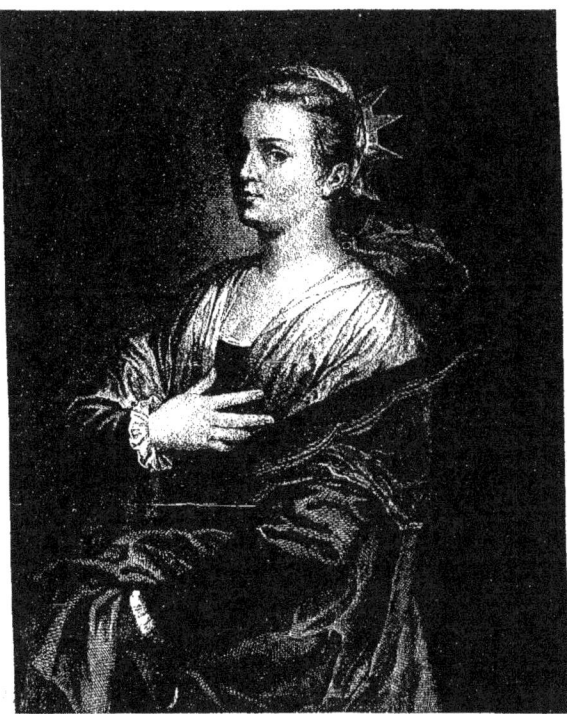

Ste CATHERINE.

De la Galerie du Palais d'Orléans.

ECOLE VÉNITIENNE.

D'UN TABLEAU DE VIEUX PALME.

Peint sur toile. Haut. 3 pieds 1 pouce. Largeur 2 pieds 3 pouces.

La sainte a déjà reçu la couronne et la palme du martyre. Elle tient la main droite sur sa poitrine et presse la robe qui fut dressée pour son supplice et brisée par une puissance surnaturelle au détriment de ses persécuteurs.

Fidelité et intelligence dans l'imitation de la nature, adresse dans l'ajustement des draperies, couleur vraie, jamais outrée, coupée, celles quelles furent les qualités et les talents que vieux Palme sut developper et qui lui meriteront un rang honorable parmi les maîtres de l'école vénitienne.

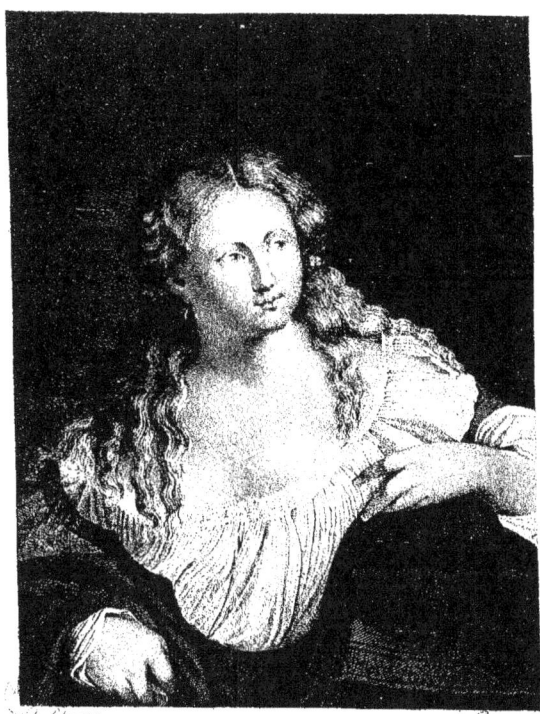

J. Palma pinx.   PORTRAIT D'UNE JEUNE FILLE.   *Bouset sculp.*

De la Galerie du Palais d'Orléans.

ÉCOLE VÉNITIENNE.

D'APRÈS LE TABLEAU DE JACQUES PALME DIT LE VIEUX.

Peint sur bois, hauteur 2 pieds 3 pouces, largeur 1 pied 8 pouces.

Cette jeune fille paroît fort occupée à considérer un objet invisible pour les spectateurs. Ses cheveux blonds flottent sur les épaules et sont retenus à leur naissance par une guirlande de fleurs ; son sein est peu découvert ; la main droite soutenant une portion de son vêtement à la bouche opposé est appuyée sur un meuble recouvert d'un tapis et d'une portion de sa jupe. Mais la chemise est trop ample et l'habit est trop négligemment arrangé pour laisser apperçevoir les formes du corps.

On ne peut louer le désordre qui règne dans l'ajustement de ce portrait dont les défauts sont en quelque sorte rachetés par la vérité de l'imitation.

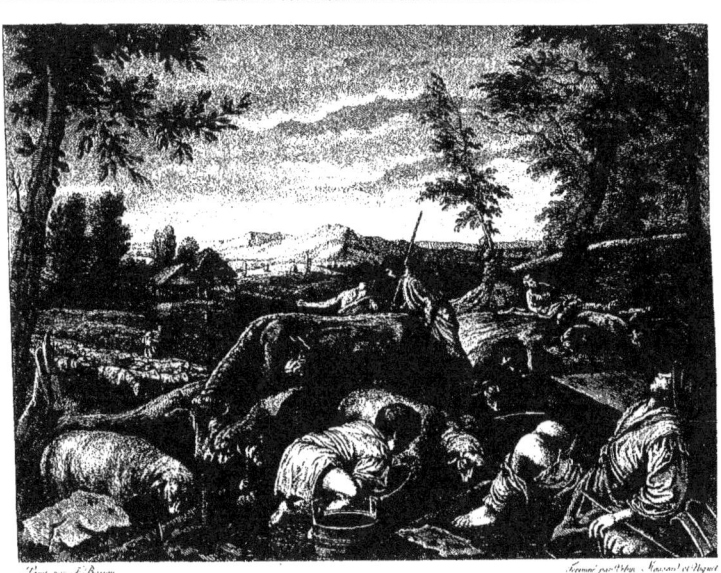

LE MIDI
De la Galerie du Palais d'Orléans.
ÉCOLE VÉNITIENNE.

TABLEAU DE FRANÇOIS BASSAN.

Peint sur toile, hauteur 2 pieds, largeur 2 pieds 2 pouces.

Le premier plan offre un berger endormi près d'un abreuvoir, devant lui un jeune enfant prépare des baquets pour distribuer à boire aux différentes sortes d'animaux qui occupent le second plan, plus loin un autre berger paraît indiquer le chemin à un voyageur.

Les derniers plans laissent voir des habitations auprès desquelles paissent différents troupeaux.

Ce tableau est vigoureux de ton, et peut soutenir le parallèle avec ceux de son père Jacques Pepont Bassan.

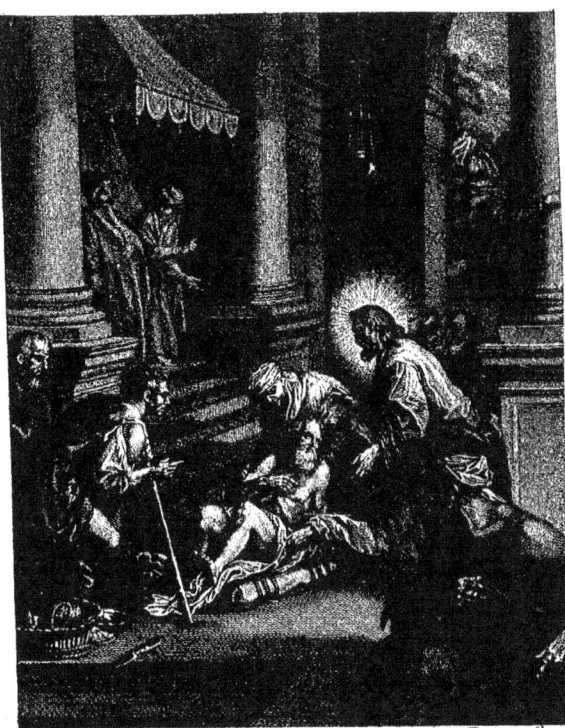

Peint par François Bassan.   Dessiné par Bovi.   Gravé par De Longueil.

LE PARALYTIQUE.
De la Galerie du Palais d'Orléans.
ÉCOLE VÉNITIENNE.

IIIe TABLEAU DE FRANÇOIS BASSAN.

Peint sur Toile, ayant de hauteur 1 Pied 5 Pouces, sur 1 Pied 1 Pouce de large.

Les Ouvrages de ce Maître offrent presque toujours des réminiscences de ceux de son père Jacques Bassan, qu'il a beaucoup cherché a imiter. Ses Tableaux d'Histoire sont en général privés de cette noblesse d'expression qui convient à ce genre et qui caractérise un génie facile; son Style de Dessin manque bien souvent d'élégance et d'énergie. Néanmoins les Tableaux de François Bassan sont touchés hardiment et ont ce ton de Couleur que ne s'acquiert que dans l'École Vénitienne au milieu des Chefs-d'œuvres des Titien, des Tintoret, et autres grands Coloristes.

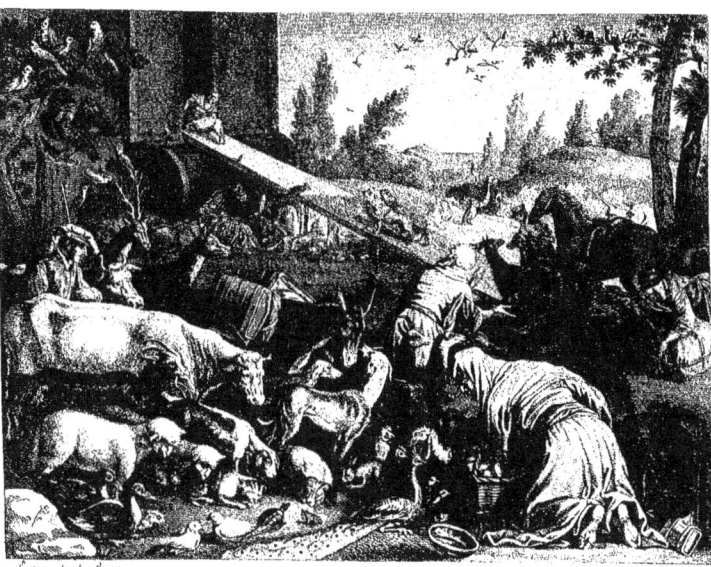

L'ARCHE DE NOÉ.
De la Galerie du Palais d'Orléans.
ECOLE VENITIENNE.

TABLEAU DE LEANDRE BASSAN.

Peint sur bois ayant de hauteur 3 pieds sur 4 pieds 3 pouces de largeur

Ce tableau représente l'embarquement de Noé et de sa famille, avec un couple de toute espèce d'animaux. Noé au pied de la planche qui sert de pont pour arriver dans l'arche dirige l'ordre de l'entrée des animaux, tandis que deux de ses fils les rassemblent et que sa femme et ses autres enfants s'occupent à amasser des provisions et à faire des ballots.

Le peintre par bizarrerie a placé à l'ouverture de l'arche, une fille de Noé repoussant un cochon qui avait précédé le lion, roi des quadrupèdes, et sa femelle marchant des premiers sur le pont. Il a figuré aussi auprès de la femme de Noé un singe assis sur une chaise, tenant une quenouille chargée d'un peu de filasse.

Léandre Bassan qui avec ses trois frères avait hérité des grands talents de son père Jacques Dupont excellait surtout dans le genre des portraits : celui qu'il fit du Doge de Venise lui mérita le collier de St. Marc. Il aimait la société, la paresse, la musique, mais ainsi que son frère ainé François Bassan il avait des accès de folie, et la sienne était de croire qu'on voulait l'empoisonner. Il mourut à Venise en 1813 âgé de 65 ans.

Un pinceau large et moelleux, et une couleur vigoureuse, font remarquer le tableau dont nous donnons ici la gravure.

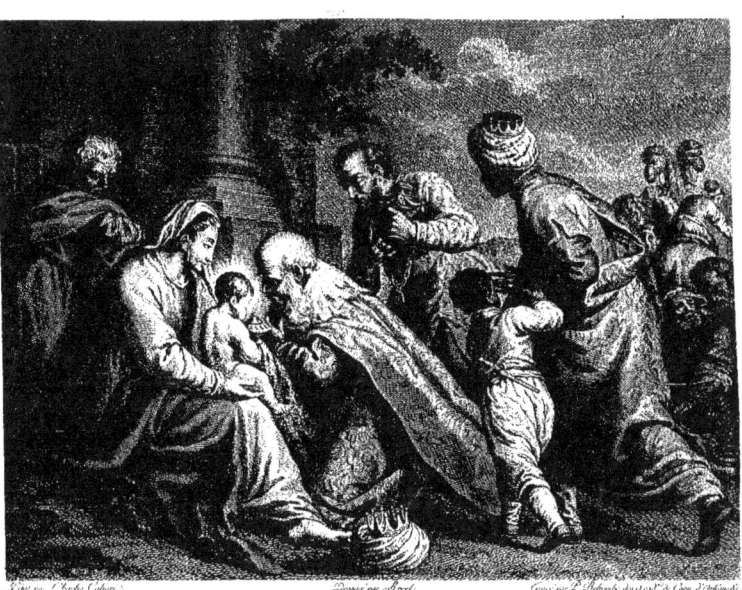

ADORATION DES ROIS.
De la Galerie de S. A. S. Monseigneur le Duc d'Orléans.

ECOLE VENITIENNE.

TABLEAU DE CHARLES CALIARI.

Peint sur Toile, ayant de hauteur 2 Pieds 9 Pouces, sur 4 Pieds 10 Pouces de large.

On ne voit qu'un Tableau de ce Maître au Palais Royal.

Ce Tableau qui est peint dans la manière du Bassan, représente la Ste Vierge assise tenant l'enfant Jésus sur ses genoux. St Joseph est derrière elle. Un des trois Rois ayant un Manteau Royal est à genoux devant Notre Seigneur à qui il présente un Vase précieux. Les deux autres dont l'un est un Maure, sont debouts et témoignent par leur posture leur respect et leur admiration. On apperçoit leur suite dans l'éloignement.

Charles Caliari plus connu sous le nom de la Carlete, étoit fils et élève de Paul Veronese: il étoit doué d'un très beau génie pour la Peinture. Il copia les Ouvrages du Bassan et ceux de son Père, et dès l'âge de 18 ans il peignit plusieurs beaux Tableaux qui le firent connoître et qui firent penser qu'il auroit surpassé son Père s'il eut vécu plus longtems.

Après la mort de Paul Veronese la Carlete entreprit de finir les Ouvrages que son Père n'avoit point achevés; mais son travail continuel joint à la délicatesse de son temperamment, l'affoiblit si fort qu'il tomba dans une Phtisie qui lui causa la mort en 1596 dans la 26.me année de son âge.

Gabriel son frère s'exerça aussi dans la Peinture; mais comme il n'y avoit pas grand talent, il la quitta pour se mettre dans le Négoce; il peignit néanmoins par intervalle. Il mourut de la Peste en 1631 âgé de 63 ans.

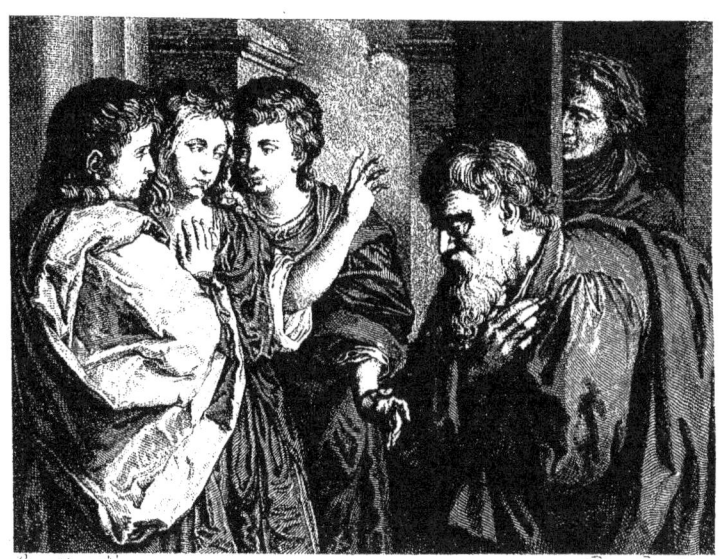

APPARITION DES ANGES A ABRAHAM.

De la Galerie du Palais d'Orléans.

ÉCOLE VÉNITIENNE.

1.ᵉʳ TABLEAU D'ALEXANDRE VÉRONÈSE.

Peint sur Toile, ayant de hauteur 3 Pieds - Pouces, sur 3 Pieds 1 Pouce de large.

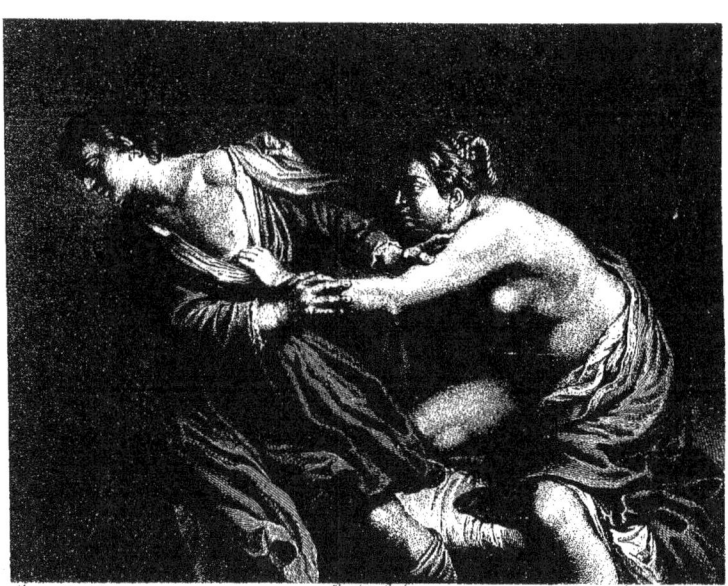

LA CHASTETÉ DE JOSEPH.
De la Galerie du Palais d'Orléans.
ÉCOLE VÉNITIENNE.

II.ᵉ TABLEAU D'ALEXANDRE VERONESE.

Peint sur Pierre de Touche, ayant de hauteur 1 Pied 2 Pouces, sur 1 Pied 6 Pouces de large.

Dans le morceau que de ce Tableau, on y admire une finesse de Touche, et une vérité d'expression des plus frappantes. La pureté du Dessin, le Coloris, et l'effet le plus éclatant font regarder ce morceau comme le Chef d'Œuvre d'Alexandre Veronese, ainsi appelé plus communément, parcequ'il était de Vérone, où il naquit en 1580. Il étudia la Peinture sous Félix Ricci, dont il avait quelque temps la manière. Son application à l'étude de la Nature, et la vue des grands modèles lui firent changer entièrement cette manière qui, quoique faible et léchée, ne laisse pas d'être agréable. Il fit des Paysages qui peuvent entrer en concurrence avec ceux du Carrache pour le Coloris, et ceux du Guide pour les airs des Têtes. Il peignait toutes ses figures d'après Nature, et commençait tout d'un coup ses Tableaux, sans faire ni Dessin, ni Esquisse. Il mourut en 1650.

* Son nom était Turchi.

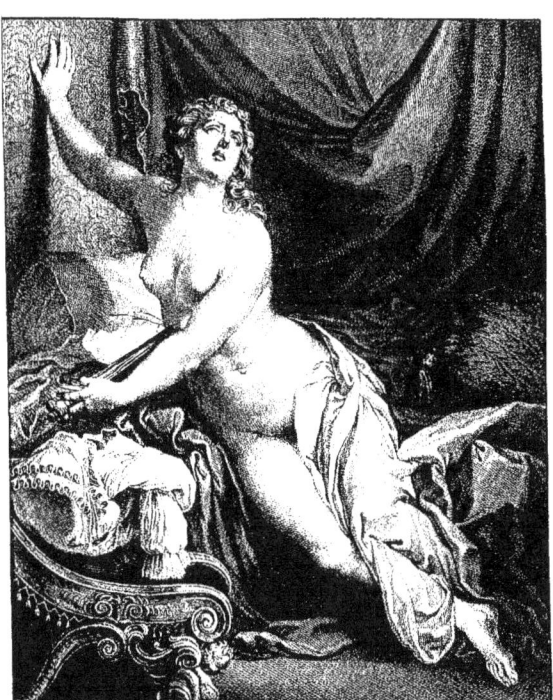

LA MORT DE LUCRÈCE
De la Galerie de S. A. S. Monseigneur le Duc d'Orléans.

ÉCOLE VÉNITIENNE.

1.ᵉʳ TABLEAU D'ANDRÉ DEL-SARTE,

Peint sur Toile, ayant de hauteur 4 Pieds 5 Pouces, sur 3 Pieds 3 Pouces de large.

Deux Tableaux d'André Del-Sarte font partie de la Collection de M.ᵍʳ le Duc d'Orléans.

Celui qui représente La Mort de Lucrèce, sujet trop connu pour qu'il soit nécessaire de l'expliquer ici, est très bien conservé. Le Dessin en est élégant, la couleur suave et argentée, le Peintre n'a rien négligé pour rendre avec vérité les différentes étoffes dans les accessoires et le drapement de la figure. Le caractère de tête est admirable par l'expression de la douleur.

André Del-Sarte, né à Florence en 1488, d'un Tailleur d'habits, d'où lui est venu le nom de Del-Sarte, fut destiné d'abord à l'Orfèvrerie mais entraîné par son goût pour la Peinture il en a traité les sujets les plus rigolos, en devenant l'égal des Maîtres distingués, il a suivi d'après Michel-Ange et Léonard de Vinci. Il composa plusieurs ouvrages qui font encore la gloire des connoisseurs, sa réputation s'étendit en France où il fut appellé par François I qui lui donna des preuves d'une libéralité digne de ce Protecteur éclairé des Beaux-Arts. Dans un voyage qu'il fit quelque temps après en Italie, il fut attaqué de la peste et mourut en 1520, âgé seulement de 42 ans.

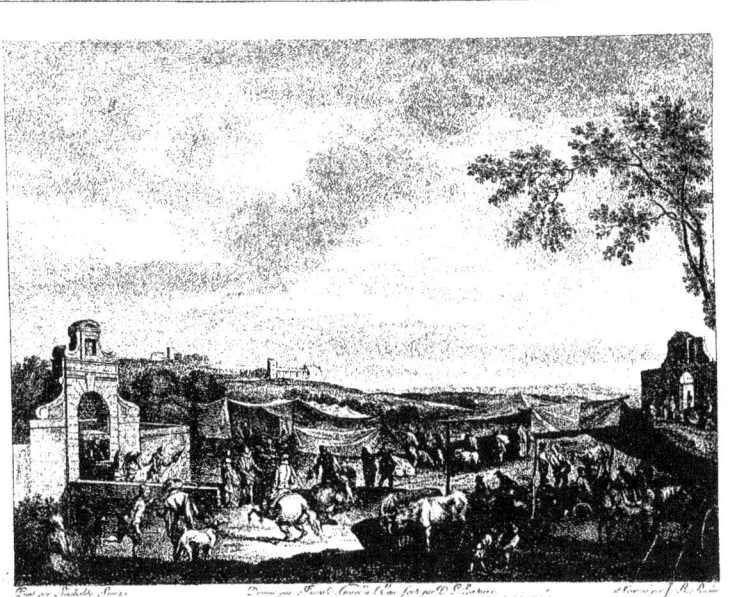

LE MARCHÉ.
De la Galerie de S.^{as} A. S. Monseigneur le Duc d'Orléans.

ÉCOLE GÉNOISE.

TABLEAU DE SINIBALDO SCORZA.

Peint sur Toile, ayant de hauteur 1 Pied 10 Pouces, sur 2 Pieds 9 Pouces de large.

Monseigneur le Duc d'Orléans possède Onze Tableaux de ce Maître.

Le Tableau dont il est ici question représente une foire ou Marché de Campagne; le site est aussi intéressant dans son ensemble que dans ses détails, les figures et les animaux sont touchés avec beaucoup d'esprit et de goût; l'effet en est large, le coloris un peu noir, mais le taloüis en est moëlleux et marqué de finesse.

Sinibaldo Scorza né à Valtaggio dans le territoire de Gênes, eut de bonne heure un goût singulier pour le Dessin. Il copioit à la plume les Estampes d'Albert Durer, avec tant de précision que les connoisseurs s'y méprenoient, mais entraîné par un goût dominant pour la Peinture, il se fit connoître avantageusement; il s'elloit sur tout à peindre des Paysages, des Animaux et des fleurs. Il s'attacha ensuite à la Miniature, et s'étant lié d'amitié avec le Chev.^{er} Marin, celui-cy l'introduisit à la Cour de Savoye où il fut employé. De retour dans sa Patrie ses envieux l'accusèrent d'avoir des intelligences avec la Cour de Savoye qui étoit en guerre avec la République de Gênes. Victime des traits de la calomnie, il fut banni; mais peu de tems après son innocence triompha, et il fut rappellé. Il mourut en 1631, âgé de 42 ans.

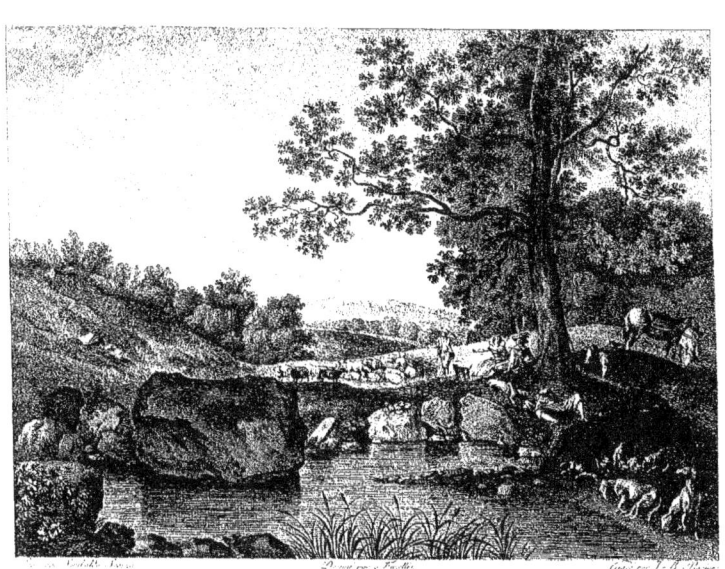

REPOS DE CHASSEURS.
De la Galerie du Palais Royal.

ÉCOLE GÉNOISE

II.e TABLEAU DE SINIBALDO SCORZA.

Peint sur Toile, ayant de hauteur 1 Pied 10 Pouces, Sur 2 Pieds 4 Pouces de Large.

Ce Paysage intéresse doublement par l'heureux choix du Site et la richesse de ses Accessoires. L'on y voit des Chasseurs, leurs Piqueurs et leurs Chiens arrêtés au pied d'un Arbre et près d'une pièce d'eau pour se goûter la fraîcheur et le repos dont ils ont besoin. Un Berger et son Troupeau ajoutent un intérêt de plus à ce sujet dont toutes les parties sont rendues avec sentiment et esprit. La manière de ce Maître est large et facile, mais peu terminée, les effets de ses Tableaux sont assez piquans mais l'on désireroit que le Coloris fut un peu moins fade généralement partout. Cependant Sui-cy, qui est assez bien conservé, peut donner une idée avantageuse de la facilité et du style de Sinibaldo Scorza.

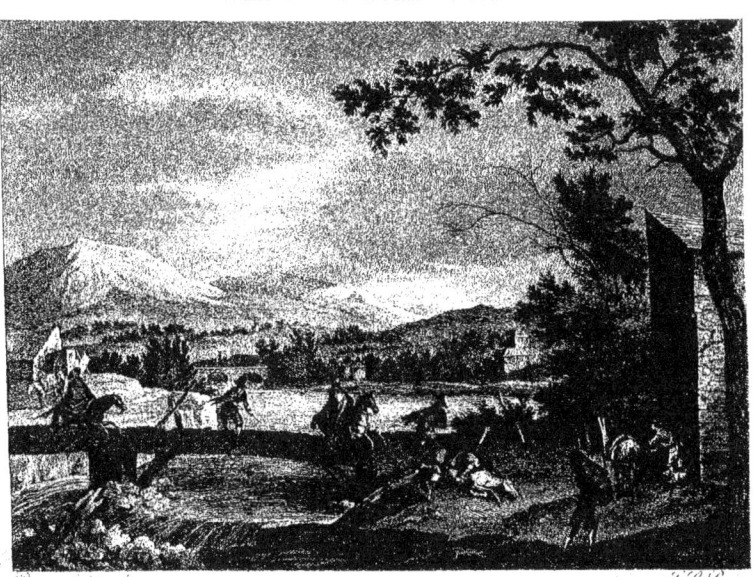

LE PONT.

De la Galerie du Palais Royal.

ÉCOLE GÉNOISE.

IIIme TABLEAU DE SINIBALDO SCORZA.

Peint sur Toile, ayant de hauteur 1 Pied 10 Pouces sur 2 Pieds 0 Pouces de large.

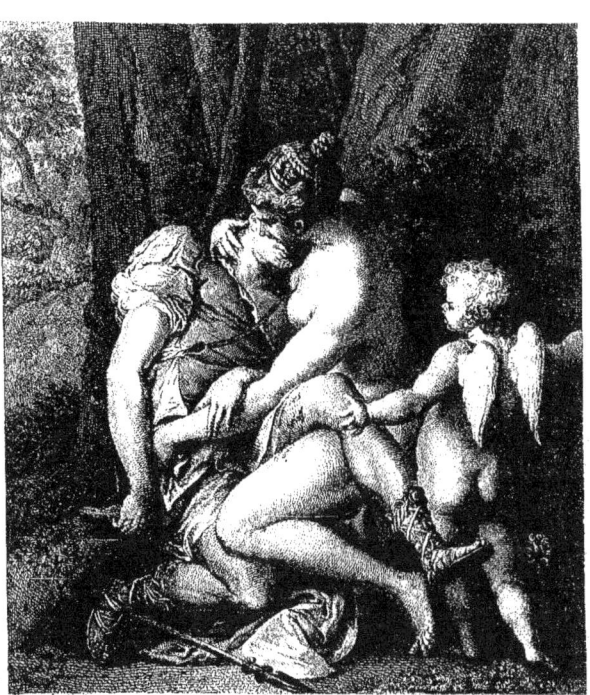

VÉNUS ET ADONIS.

De la Galerie de S. A. S. Monseigneur le Duc d'Orléans.

ÉCOLE GÉNOISE.

1.ᵉʳ TABLEAU DE LUCA CAMBIASO.

Peint sur Toile ayant de hauteur, 3 Pieds 3 Pouces, sur 2 Pieds 6 Pouces de large.

Monseigneur le Duc d'Orléans, possède trois Tableaux de ce Maître ci.

Le sujet de ce tableau est exprimé avec finesse et avec grâce : c'est l'instant où Adonis blessé mortellement expire dans les bras de Vénus ; l'Amour considère en pleurant le malheureux objet des tendres soins de sa mère. Ce groupe intéressant est d'un effet harmonieux, d'un pinceau large et moelleux et d'un beau ton de couleur. Le fond est un Paysage qui indique la profondeur d'une forêt. Les ouvrages de Cambiaso font honneur à l'école Génoise, on y remarque un grand goût de Dessin et l'énergie dans les pensées, et une exécution de Pinceau facile. Comme nous aurons occasion de revenir sur les Ouvrages de ce Maître, nous dirons seulement ici qu'il naquit en 1527 à Moneglia dans les États de Gènes et qu'il mourut en 1585 à l'Escurial où il avoit été appelé par Philippe III Roi d'Espagne.

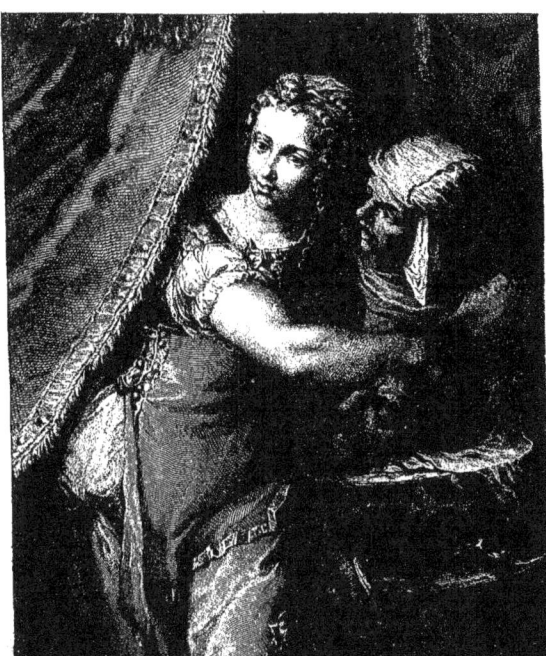

Peint par Luca Cambiaso.   Dessiné par Borel.   Gravé par N. Thomas.

JUDITH ET HOLOFERNE.

De la Galerie de S. A. S. Monseigneur Le Duc d'Orléans.

A.P.   D.R.

ÉCOLE GENOISE.

II.ᵉ TABLEAU DE LUCA CAMBIASO.

Peint sur Toile, ayant de hauteur 3 Pieds 6 Pouces, sur 2 Pieds 11 Pouces de large.

Ce Tableau répond à la haute réputation dont Luca Cambiaso jouissoit dans l'École Genoise, dont il doit être regardé comme le Raphaël. Le sujet est Judith sortant de la Tente d'Holoferne, la main posée sur la tête sanglante de ce Général qui est tenue au Bassin soutenu par une servante pieuse. L'attitude de l'héroïne a du caractère et de la fierté. Elle tient encore le Coutelas dont elle s'est servi.

Cette composition est d'un grand style de Dessin et d'exécution; l'effet en est vigoureusement prononcé; et la hardiesse du Pinceau ne laisse aucun doute sur ce que l'on rapporte que ce Maître, doué d'un génie bouillant, a autant expédié et d'ouvrages à lui seul que plusieurs Peintres ensembles.

Ce Tableau est des mieux conservés.

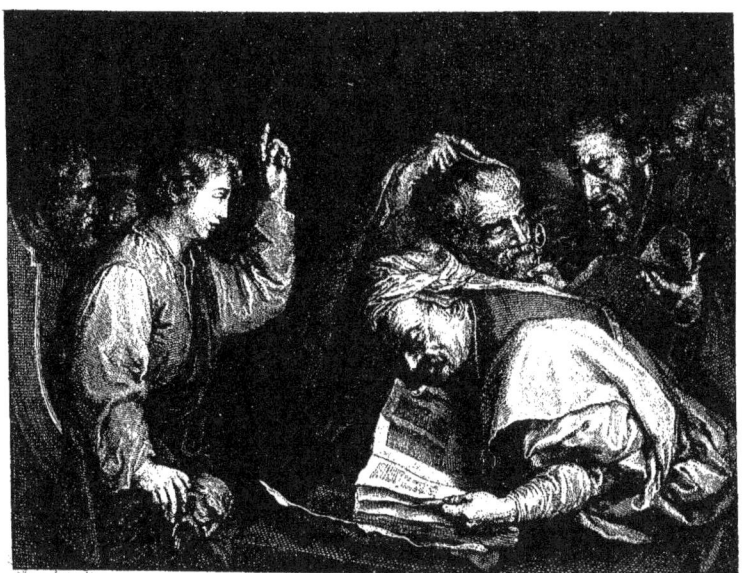

JÉSUS AU MILIEU DES DOCTEURS
De la Galerie de S. A. S. Monseigneur le Duc d'Orléans.

ÉCOLE NAPOLITAINE.

TABLEAU DE JOSEPH RIBERA
SURNOMMÉ L'ESPAGNOLET,

Peint sur Toile, ayant de hauteur 3 Pieds 9 Pouces, sur 5 Pieds 3 Pouces de large.

On voit dans la Galerie de S. A. S. le Duc d'Orléans, six Tableaux de ce Peintre.

Dans un encerrissement l'Espagnolet à representé à mi-corps, J.C. disputant avec les Docteurs de la Loi. L'un tient un livre ouvert à la moderne, et l'autre une loupe dont il se sert pour lire, anachronisme que l'on voit souvent dans les plus grands Maîtres, mais ces taches légères sont effacées par l'expression qui se trouve dans les têtes, et par la correction du Dessin qui distinguent avantageusement les ouvrages de l'Espagnolet. Elevé du Caravage qu'il avait pris pour modèle, il le surpassa dans ces parties essentielles de l'Art, ainsi que dans la touche énergique et fière qui donne l'âme et la vie à ses figures.

Joseph Ribera, né à Xativa, dans le Royaume de Valence, fut conduit fort jeune à Naples par son Père qui s'établit dans cette Ville avec toute sa famille. Il fut mis d'abord à l'école du Caravage, dans laquelle il se rendit habile, et se perfectionna ensuite à Rome par ses études d'après l'antique. Son amour pour la Peinture lui fit braver toutes les horreurs de la misère. Il se trouvait réduit à manquer les restes des Connaisseurs de l'Académie de Peinture, qui l'appelaient communément l'Espagnolet (diminutif du mot l'Espagnol) nom qu'il a toujours conservé. Un Cardinal frappé de ses Talens, voulut lui tournir dans son Palais, tout ce qui était nécessaire à sa subsistance : mais l'Espagnolet, s'appercevant que l'abondance nuisait à son talent, le sacrifia généreusement, et se rendit dans la misère pour reprendre son travail. Il se fit bientôt après connaître par quelques bons Tableaux, mais, comme il n'y avait alors à Rome un grand nombre d'habiles Peintres qu'il redoutait comme des concurrens trop redoutables, il prit le parti de retourner à Naples, où ses talens et ses ouvrages lui procurèrent bientôt une fortune considérable.

Le génie de l'Espagnolet le portait à traiter des sujets terribles et pleins d'horreur dans le profane c'étoient des Ixions, des Tantales, des Prométhées, et dans le sacré des Martyres, Tableaux qui plaisaient infiniment aux Napolitains.

Le Duc Jean d'Autriche, étant venu à Naples en 1648 enleva une des filles de l'Espagnolet, qui en eut tant de chagrin, qu'il partit secrétement de cette Ville, on ne vit après. On n'a jamais sû ce qu'il étoit devenu, ni en quel lieu il étoit mort.

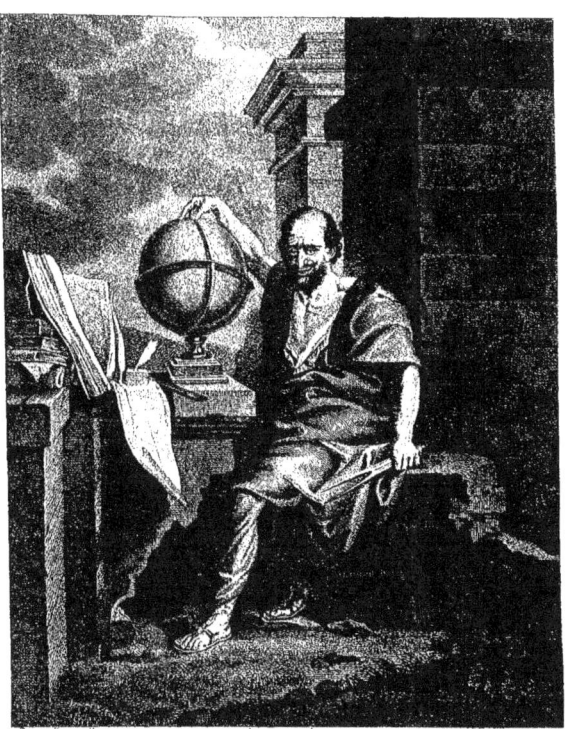

LE PHILOSOPHE DEMOCRITE
De la Galerie du Palais Royal

ÉCOLE NAPOLITAINE.

TABLEAU DE JOSEPH RIBERA
SURNOMMÉ L'ESPAGNOLET.

Peint sur Toile, ayant de hauteur 9 Pieds 1 Pouce sur 6 Pieds 1 Pouce de large.

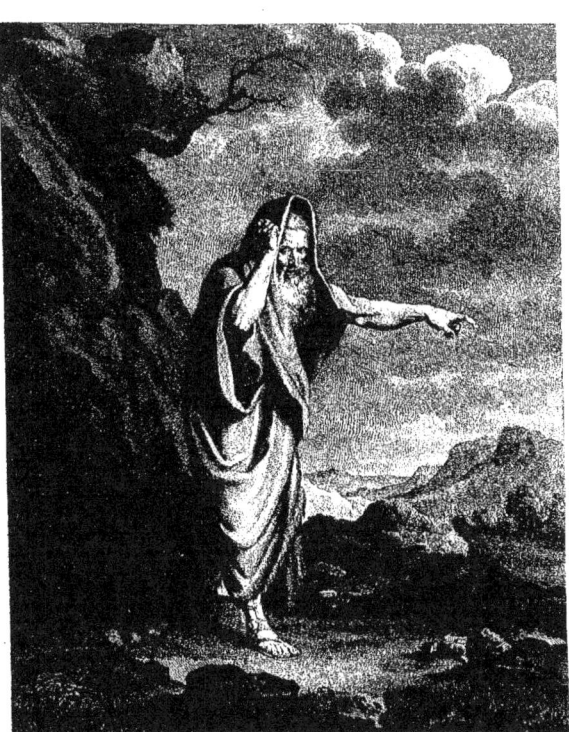

LE PHILOSOPHE HERACLITE.
De la Galerie du Palais d'Orléans.
ÉCOLE NAPOLITAINE.

IIIme TABLEAU DE JOSEPH RIBERA
SURNOMMÉ L'ESPAGNOLET.

Peint sur Toile, ayant de hauteur 9 Pieds 1 Pouce, sur 6 Peids 1 Pouce de large.

Héraclite, célèbre Philosophe Grec, natif d'Éphèse, n'eut point de Maitre, et devint savant par ses propres méditations. Il étoit chagrin et mélancolique, et pleuroit sans cesse sur les infirmités de la vie humaine, ce qui le fit surnommer le Philosophe Ténébreux. Il composa divers Traités intéressans, entr'autres celui de la Nature, qui lui acquit une grande réputation. Socrate en faisoit un cas particulier, mais il le trouvoit trop obscur. Héraclite enseignoit dans cet Ouvrage que tout est animé par un Esprit; qu'il n'y a qu'un Monde qui est fini, que le Monde est formé par le feu, et qu'après divers changemens, il redeviendra en feu. Il mourut hydropique à 60 ans, 500 avant J. C.

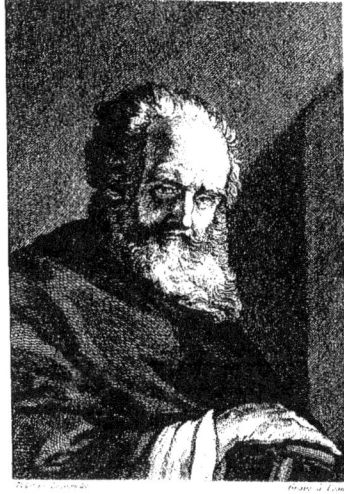 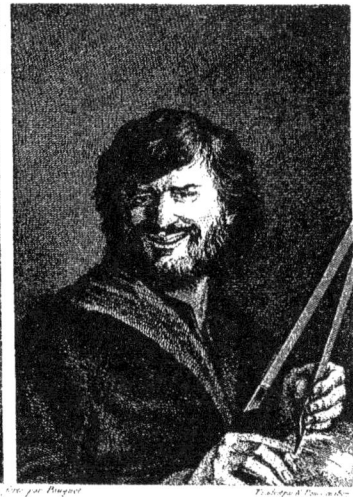

HÉRACLITE. DÉMOCRITE.

De la Galerie du Palais d'Orléans.

ÉCOLE NAPOLITAINE.

N.º et V.ᵐᵉˢ TABLEAUX DE JOSEPH RIBERA,

DIT L'ESPAGNOLET.

Peints sur toile, ayant chacun 4 pieds 3 pouces de hauteur, 3 pieds 10 pouces de large.

On a donné le nom d'Héraclite à ce vieillard pourvu d'une longue barbe, et dont la main pose sur une béquille; et celui de Démocrite à cet homme au ris goguenard qui posant l'une des extrémités de son compas sur un globe, est supposé se moquer des folies humaines. Ce fut sans doute pour augmenter le prix de ces études peintes d'après nature que l'Espagnolet leur a ajouté des attributs dont l'absolue insignifiance ne sauroit nous rappeler l'image que nous nous formons des philosophes d'Ephèse et d'Abdère. Jamais on ne recherchera dans les ouvrages de ce peintre l'expression des mœurs du tems, la vérité du costume, la noblesse des formes, mais une couleur vigoureuse, une touche ferme et hardie, un clair-obscur très prononcé, un maniement de pinceau admirable et une adresse particulière à rendre les accidens d'une nature vraie ou apparente. On peut même assurer que les productions les plus estimables de ce maître pour la pose et la vérité de l'imitation de la nature, sont celles qui offrent des sujets atroces. Il lui falloit des martyrs, des bourreaux, des supplices pour électriser son génie; l'un de ses meilleurs tableaux représente Ixion sur la roue.

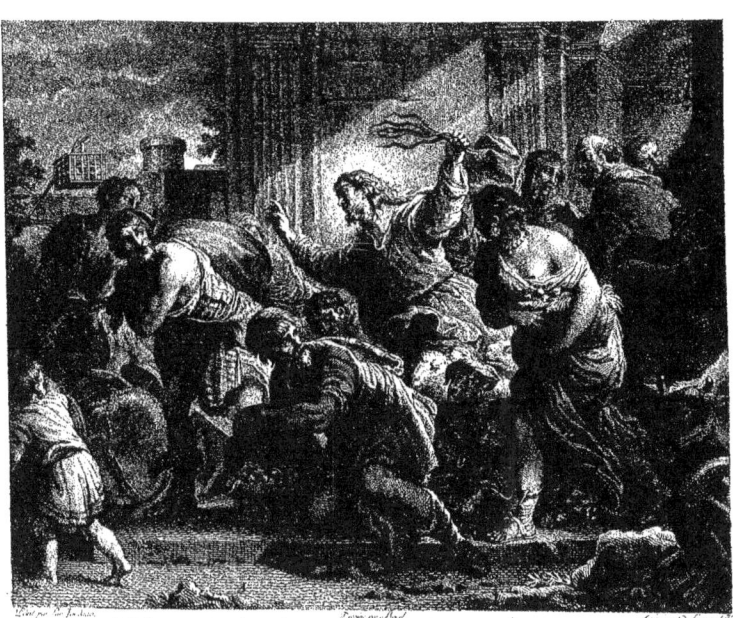

LES VANDEURS CHASSÉS DU TEMPLE.
De la Galerie de S. A. S. Monseigneur le Duc d'Orléans.

ÉCOLE NAPOLITAINE.

TABLEAU DE LUCA GIORDANO.

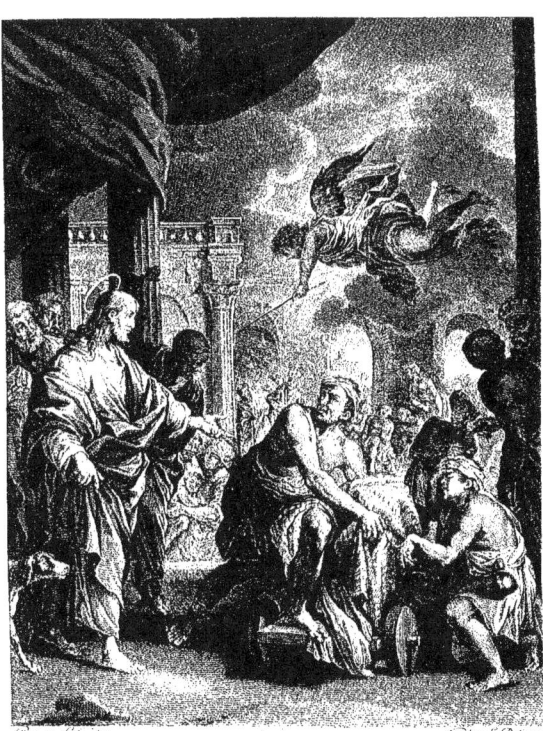

LA PISCINE.

De la Galerie du Palais Égalité.

ÉCOLE NAPOLITAINE.

II.ᵉ TABLEAU DE LUCAS GIORDANO.

Peint sur Toile, ayant de hauteur - Pieds - Pouces sur - Pieds - Pouce de large.

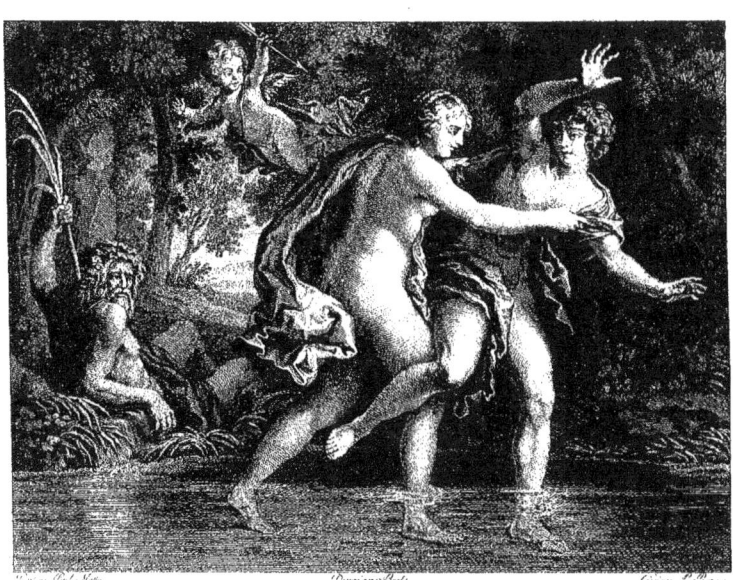

SALMACIS ET HERMAPHRODITE.
De la Galerie de S. A. S. Monseigneur Le Duc d'Orléans.

ÉCOLE NAPOLITAINE.

TABLEAU DE PAUL MATTEI.

Peint sur Toile, ayant de hauteur 4 Pieds sur 6 Pieds – Pouces de large.

Monseigneur Le Duc d'Orléans ne possede qu'un seul Tableau de ce Maître.

On reconnoît la fable de Salmacis et d'Hermaphrodite. Les personnes qui voudront en sçavoir les détails, pourront consulter le quatrième livre des Métamorphoses d'Ovide. Il paroît que l'Artiste a saisi le moment si bien rendu par le Poète dans ce Vers

Vyque maneret, tenet luctantiaque oscula carpit.

On desireroit sans doute plus de'tion et d'onciosité dans la figure de Salmacis, mais le Tableau est d'un dessein correct et d'une couleur charmante.
Paul Mattei, dit Paolucci, était de Naples; il étudia d'abord à Rome, mais il se mit ensuite à l'école de Luc Jordane, dont il a imité presque toujours la manière. Cependant il a imité dans plusieurs ouvrages, et même avec assez de succès, le style de Raphael, du Titien, du Corrège, des Carrache, du Guide et du Calabrois.

C'est à cette tournure de son esprit, à cette étonnante facilité qui lui a fait produire des ouvrages sans nombre. On voit à Naples plusieurs Eglises et Galeries qui ont été peintes par lui seul. Parmi les morceaux qui lui font le plus d'honneur, on distingue la Coupole de l'Eglise de St Maurin, Profeso des Jésuites, celle de St François Xavier, et celle de Ste Catherine à Formello, un des 14 couvents des Dominicains à Naples.

Paul Mattei, mandé par Louis XIV, vint en France où il travailla beaucoup à fresque et à l'huile. Rappellé à Rome par le Pape Clément XI, il y fut retenu par ses successeurs, Clément XII et Benoît XIII. Il jouissait d'une si grande réputation, qu'il était demandé en Espagne, en Portugal et en Angleterre. Il n'accepta aucune de ces propositions à cause de son âge avancé, et il se contenta d'envoyer ses ouvrages dans les différentes Cours de ces pays. Paul Mattei, né en 1662, mourut à Rome en 1728, âgé de 66 ans.

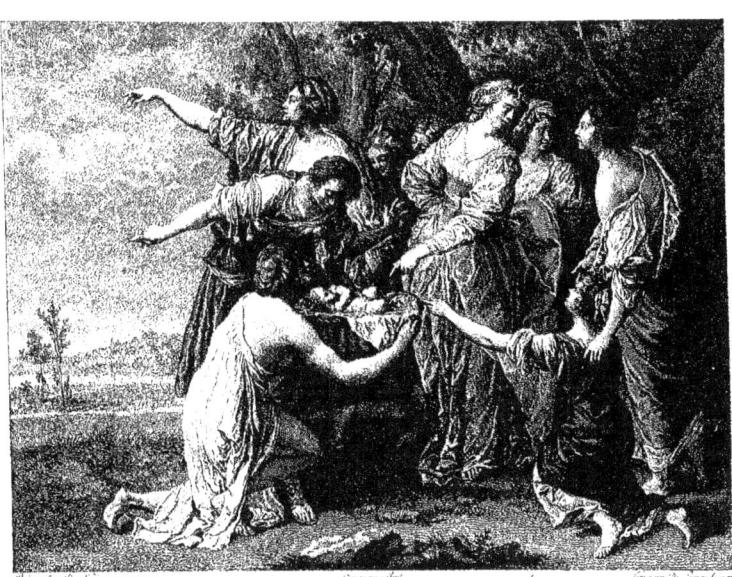

MOYSE SAUVÉ

De la Galerie de S. A. S. Monseigneur le Duc d'Orléans.

TABLEAU DE DOM DIEGO VELASQUEZ DE SILVA
PEINTRE ESPAGNOL,
Peint sur Toile, ayant de hauteur 8 Pieds sur 10 de large.

On ne voit dans la Galerie de M.gr le Duc d'Orléans que ce seul Tableau de ce Maitre. On y remarque pas sans doute une grande pureté de Dessin, mais on y admire un beau ton de couleur, une execution facile, des caractéres de tête bien expressifs, et de très belles parties dans la composition.

Le sujet est connu de tout le monde ; on sait que le Roi d'Egypte, frappé de la nombreuse population des Hebreux et redoutant leur puissance, porta un Edit par lequel il fut ordonné de noyer dans le Nil tous leurs Enfans mâles. Jocabed mère de Moyse, ne put se résoudre d'abord à exécuter cet ordre barbare. Mais de l'enfant durant trois mois, craignant enfin d'être exposée à toutes les rigueurs de la Loi, eut tendresse ingénieuse imagina un moyen pour tacher au moins de lui sauver la vie. Elle fit un petit panier de Jonc, l'enduisit de Bitume, y mit son fils et l'exposa au Nil dans l'esperance qu'il tomberait entre les mains de quelqu'un qui serait touché de l'innocence de son âge. Elle ne fut pas trompée. Thermutis fille du Roi, qui se promenait sur le bord du fleuve, voyant flotter le berceau, voulut savoir ce que le hasard lui apportait ; frappée de la beauté de l'enfant, elle résolut de le garder, elle le fit plus, elle le donna pour une fille quelque temps après, lui donna le nom de Moyse, et le fit élever en lui prodiguant tous les soins maternels.

Velasquez, qui a Seville en 1599, était d'une famille illustre originaire de Portugal. Son goût le porta d'abord à peindre des Animaux, des Oiseaux, des Poissons, des Légumes, des Paysages, ainsi de suite ; ces Ouvrages lui acquirent une si grande reputation, que Philippe II, Roi d'Espagne, le fit venir a Madrid, ou voir les Chefs d'Œuvres que Velasquez avait dans cette ville, lui montrerent bientôt l'intervalle immense qui se trouvait entre eux et sa première essais. Il changea ses idées et former son goût. Mais il souhaitait de perfectionner son Coloris, et il le put au bout pour quelque chose de lui-même. Il voyagea de deux ans en Italie où son éducation pittoresque. Il est préférable de se servir de ce terme. De retour à Madrid en 1622, il prouva par de nouveaux ouvrages qu'il était grand artiste. Le Roi le nomma son premier Peintre, et lui fit préparer dans son Palais un atelier où il venait souvent le voir travailler. L'Estime conduit les premieres années de son séjour à son amitie, il l'envoya en 1648 à Rome, en qualité d'Ambassadeur extraordinaire auprès du Pape Innocent X, le chargea en même temps d'acheter des Tableaux des Antiques et de copier les morceaux qu'on ne pouvait transporter. Velasquez s'acquitta fort bien de toutes les commissions dont il avait été chargé, et Philippe II pour lui en temoigner son contentement, le nomma Grand Maréchal des Logis de sa Cour, et le fit Chevalier de S.t Jacques.

Velasquez mourut à Madrid en 1660, âgé de 66 ans ; on lui fit des obsèques magnifiques. Le Peintre avait de connaissances variées qu'il consacrait à la pratique de son Art, dans lequel le talent singulier qu'il avait d'imiter la Nature avec liberté, le fit nommer un second Caravage.

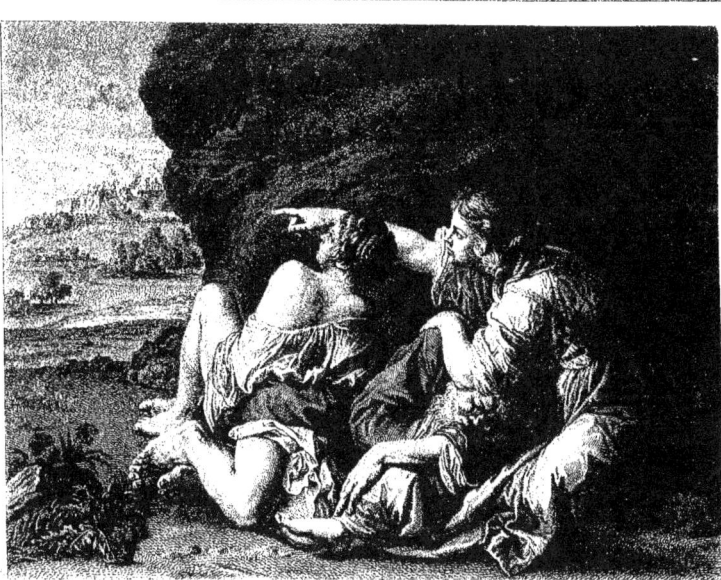

LOTH ET SES FILLES.

De la Galerie de S.A.S. Monseigneur le Duc d'Orléans.

TABLEAU DE DON DIEGO VELASQUEZ DE SILVA

PEINTRE ESPAGNOL.

Peint sur Toile, ayant de hauteur 4 Pieds 6 Pouces, sur 3 Pieds 10 Pouces de large.

On a dit que S.A.S. Duc d'Orléans ne possédoit qu'un Tableau de ce Maître. L'étalogue des Tableaux du Palais Royal ne fait mention que de celui de *S. Mouse*; suivant nous il est vraisemblable que celui dont il s'agit ici avoit été oublié ou bien qu'il a été acquis depuis.

Loth sorti d'auprès de la ville de Sodome, se retira dans une Caverne avec ses deux filles, et l'écriture nous dit que c'est là qu'elles l'enivrèrent. Il paroît que Velasquez a voulu représenter ce Vieillard dans le moment de son ivresse et de son assoupissement ; il est entre ses deux filles, la tête appuyée sur les genoux de l'aînée, celle ci s'appuye sur l'épaule de son Père, et montre à sa sœur la Ville de Sodome embrasée que l'on apperçoit dans l'éloignement. On voit derrière ce groupe de figures une masse de Roches qui indique l'entrée obscure de la Caverne. Entre ce premier plan et le foyer de l'embrasement on découvre une grande étendue de pays.

Ce Tableau est d'un bon style et peut passer pour un des meilleurs de ce Maître. Les figures sont d'un dessin correct et gracieux et d'un ton de couleur fin et harmonieux. Les draperies sont bien rendues, et une exécution facile règne sur toutes les parties de ce Tableau un grand intérêt.

Le plus grand nombre des ouvrages de Velasquez est répandu en Espagne, et se trouve surtout à Madrid. Cependant la France en possède quelques uns. On voit en Franche-Comté quelques portraits que cet Artiste avoit laissés imparfaits, et qui furent achevés par le Bourguignon. A Paris on voit de lui dans la Salle des bains au Louvre, plusieurs portraits des Princes de la Maison d'Autriche.

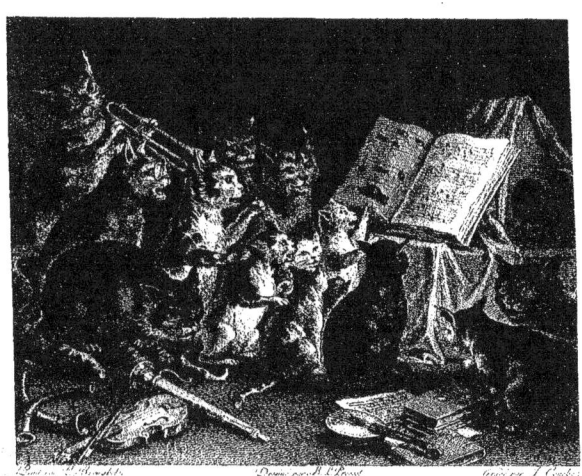

Peint par P. Breughel.   Dessiné par B. J. Prevost   Gravé par J. Couché

CONCERT DES CHATS.

De la Galerie de S. A. S. Monseigneur le Duc d'Orléans.

ÉCOLE FLAMANDE.

TABLEAU DE PIERRE BREUGHEL.

Peint sur Cuivre, ayant de hauteur 2 Pouces 6 Lignes, sur 3 Pouces 6 Lignes de large.

Tous Tableaux de ce Maitre ornent la Galerie du Palais Royal.

Le Sujet de ce Tableau est un Concert exécuté par des Chats, on y voit un Pupitre autour duquel sont rangés plusieurs de ces Animaux, les uns chantent, et les autres accompagnent avec des Instruments, plusieurs ne sont là sans doute que comme Amateurs et paraissent écouter. Cette facétie paraît avoir assez plû à son Auteur pour qu'il y donnât tous ses soins, elle a le mérite de l'effet et du fini précieux.

Pierre Breughel, fils d'un Paysan naquit à Breughel, Village aux environs de Breda, il conserva le nom de son Village ainsi que ses descendants. Pierre Koeck de Aelst fut son premier Maître, il travailla ensuite chez Jérôme Kock ensuite il voyagea en France et en Italie où il dessina les plus belles vues particulièrement celles des Alpes. Il prit le genre de Jérôme Bosch. Comme il était aussi comique que ce Peintre dans ses compositions, il fut surnommé Pierre le Drôle.

De retour d'Italie il choisit Anvers pour son séjour, et fut reçu dans l'Académie de cette Ville en 1551. Ses Tableaux furent recherchés des connaisseurs, ils représentent ordinairement des fêtes et des danses de Village, ses compositions sont bien entendues, son dessin correct, sa touche fine et spirituelle, et ses expressions d'une grande vérité. On ignore l'époque de sa mort. Il laissa deux fils, Pierre et Jean Breughel dont nous aurons occasion de parler.

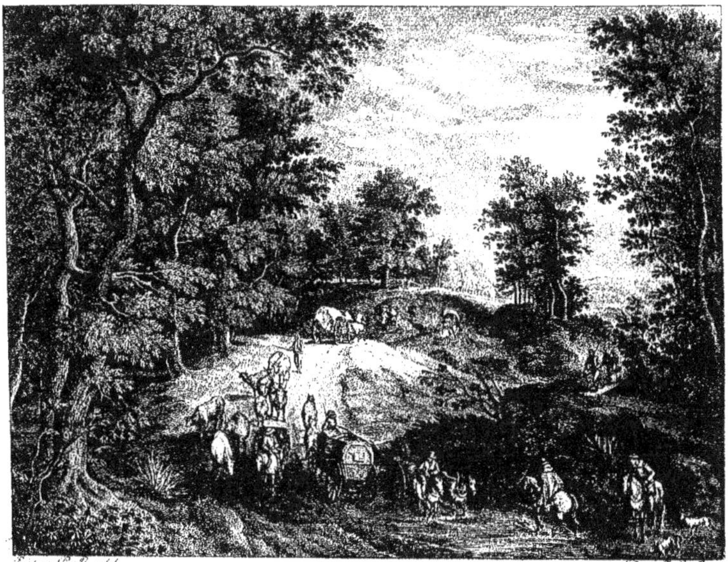

Peint par P. Breughel — Gravé par [illegible]

LE GRAND CHEMIN.

De la Galerie du Palais Royal.

ÉCOLE FLAMANDE.

II.e TABLEAU DE PIERRE BREUGHEL.

[illegible] ayant de hauteur 1 Pied 1 Pouce, sur 1 Pied 6 Pouces de large.

Ce tableau est regardé par les connoisseurs comme un des plus beaux de ce Maître pour le grand effet et la [illegible] de la touche [illegible] et peut-être même dans un plus haut degré la vérité de la Nature [illegible] dans les beautés que présentent les productions et les [illegible] produits par le [illegible] dans les caractères et les mœurs des habitans de la campagne qu'il avoit étudiés [illegible] dans les [illegible] Village [illegible] l'amour de son Art l'engagea [illegible] pour être plus à portée [illegible] l'admiration [illegible] de Jean Franckert [illegible] Peintre Hollandais pour lequel il travailla longtems et qui prenoit part [illegible] ou plutôt à l'étude qu'il faisoit des mœurs des Campagnards en se mêlant avec leurs habitans.

Breughel a fait aussi beaucoup d'emblèmes ingénieusement composés qu'il a donnés au Public, outre celles qu'il croyoit trop libres et qu'il fit brûler avant sa mort.

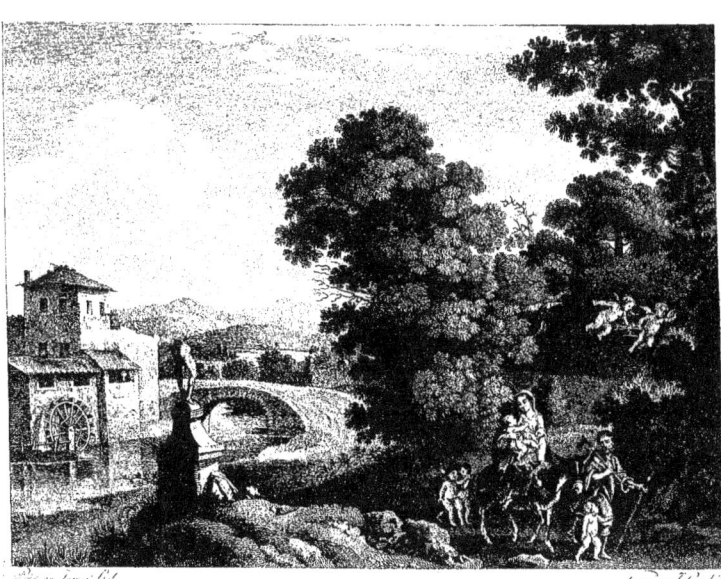

FUITE EN EGYPTE.
De la Galerie du Palais d'Orléans.
ÉCOLE FLAMANDE.

TABLEAU DE JEAN BOL.

Peint sur Cuivre, ayant de hauteur 1 Pied 6 Pouces, sur 2 Pieds de large.

Jean Bol naquit à Malines, en 1534. Son goût et ses dispositions pour la Peinture se déclarèrent de bonne heure, en sorte qu'à l'âge de 16 Ans, il fit des Tableaux qui lui acquirent une grande réputation. Il quitta Malines en 1572, lorsque cette Ville fut ravagée par des gens de guerre ; ayant été dépouillé de tout ce qu'il avoit, il alla à Anvers, où il fut très bien reçu par Antoine Couvreur qui le mit en état de travailler. Entre plusieurs belles choses qu'il fit dans cette Ville, on cite un Livre fort estimé, dans lequel il a peint à Gouache toutes sortes d'Animaux Terrestres et Aquatiques. Il fut obligé de quitter Anvers, pour le même sujet qu'il avoit abandonné Malines, et il vint s'établir à Amsterdam, où ses Ouvrages furent recherchés, et lui procurèrent de grandes richesses.

On peut juger de la fertilité de son Génie par le nombre de ses Compositions qui ont été gravées. Il mourut à Amsterdam en 1593.

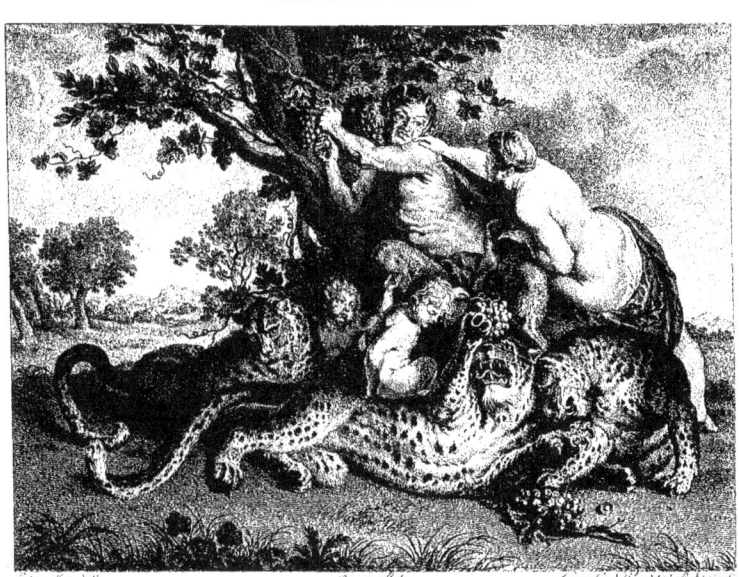

PAN ET SYRINX.
De la Galerie de S. A. S. Monseigneur le Duc d'Orléans.

ÉCOLE FLAMANDE.

TABLEAU DE MARTIN DE VOS.

Peint sur Toile, ayant de hauteur 6 Pieds 4 Pouces, sur 9 Pieds 10 Pouces de large.

Monseigneur le Duc d'Orléans possède deux Tableaux de ce Maître.

Le sujet de ce Tableau peut être plûtot l'âge d'or, et rappelle ces temps heureux où la Terre produisait toutes sortes de fruits en abondance, et où les animaux, aujourd'hui si redoutables, dépouillés de leur férocité, jouaient même avec les enfans. Par la variété des objets que ce Tableau représente, l'Auteur a eu de grands moyens de s'élever dans la partie du coloris. Le Paysage, les figures et les Animaux forment un beau contraste d'où il résulte beaucoup d'effet et d'harmonie. La touche large et facile, ainsi que le coloris, tiennent de la manière de Rubens, dont Martin de Vos avait souvent copié les ouvrages. Cette composition, relativement aux figures, pêche un peu du côté du Dessin. L'Attitude de la femme sur-tout est forcée et maniérée, et l'expression des têtes est lourde et sans finesse. Mais on doit convenir que les animaux sont supérieurement peints et coloriés, ils jettent un grand intérêt sur ce sujet.

Martin de Vos naquit à Anvers en 1520. Après avoir étudié sous son père et sous Marc Flare les élémens de la Peinture, il se rendit à Rome et à Venise où il plut tellement au Tintoret que celui-ci lui découvrit tous les secrets et toutes les règles du coloris le plus séduisant. De retour à Anvers où il se fixa, il acquit une très grande réputation et des richesses assez considérables. Il mourut dans la même Ville, en 1604, âgé de 84 ans.

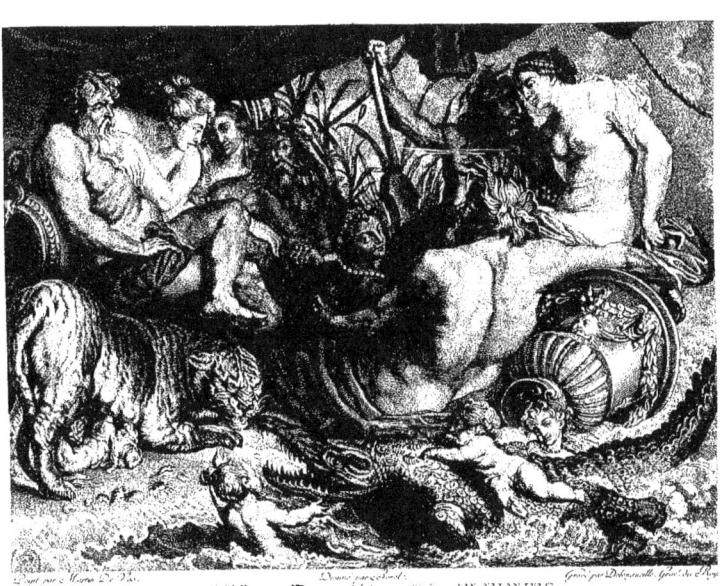

LES FLEUVES.
De la Galerie du Palais Royal.

ÉCOLE FLAMANDE.

TABLEAU DE MARTIN DE VOS.

Peint sur Toile, ayant de hauteur 6 Pieds 11 Pouces, sur 8 Pieds 8 Pouces de large.

Ce Tableau représente les principaux Fleuves de l'Asie et de l'Afrique avec des Pagodes. Le Nil est le seul qui soit caractérisé d'une manière distincte ; il est assis sur le haut du Rivage, où par le bras un peu appuyé sur un vase et de l'autre soutenant une Arcade Mosaïque qui se retourne. Au-dessous de lui on voit des Enfans qui jouent avec un Crocodile et qui paroissent lancer contre une Lionne qui alaite ses petits. Ce Tableau forme deux groupes de figures dont les oppositions donnent lieu à un effet très piquant. On voit ici comme dans tous les Ouvrages de ce Maître, cette grande manière qu'il avoit puisée dans l'École de Rubens ; son Modèle à la Couleur en est belle et vigoureuse ; la Touche libre et moelleuse, et la Licorne sur-tout est d'une grande beauté. La partie du Clair obscur y est savamment ménagée et produit un effet très harmonieux.

Ce Tableau est très bien conservé.

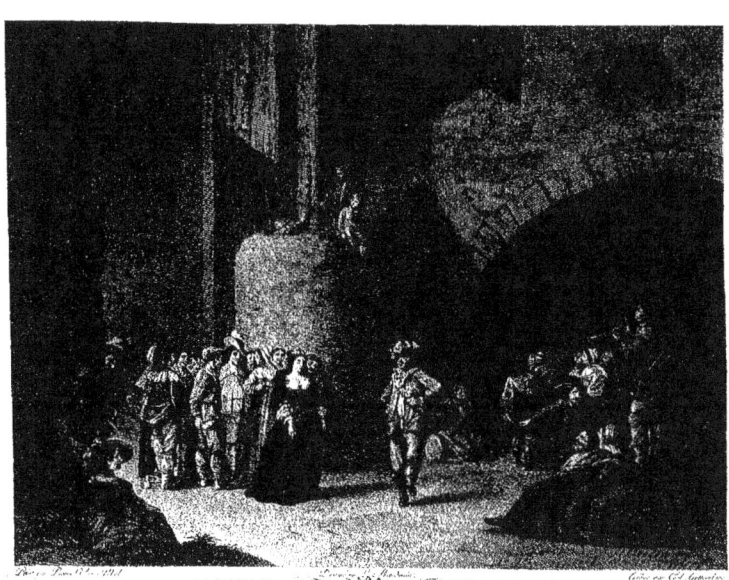

DANSE FLAMANDE.
De la Galerie de S. A. S. Monseigneur le Duc d'Orléans.

ÉCOLE FLAMANDE.

TABLEAU DE PIERRE VAN-MOL.

Peint sur Bois, ayant de hauteur 1 Pied 1 Pouces, sur 1 Pied 1 Pouces de large.

Monseigneur le Duc d'Orléans a possédé qu'un Tableau de ce Maître.

Tous les Ouvrages de Van-Mol sont d'un effet entendu de ton et d'une touche précieuse. Le sujet de ce Tableau est intéressant par les divers personnages qui le composent. On y voit un homme et une femme dansant. Ce sont deux nouveaux mariés. Les parens et les amis sont spectateurs, et le ménétrier debout. Le fond est d'une Architecture assez rustique, et donne lieu à des masses d'ombre et de clair-obscur, lesquelles contrastent et bouleversent avec la lumière dont les figures sont frappées. On remarque une grande légèreté de touche dans ce Tableau; les caractères de tête sont fins, et les étoffes bien rendues; aussi le regarde-t-on comme un des meilleurs qui soient sortis des mains de ce Peintre, dont on a aussi de beaux portraits.

Van-Mol naquit à Anvers en 1580. Il fut envoyé à l'École de Rubens, et devint un de ses Disciples les plus distingués. Il y avoit alors dans cette Ville une Académie de Peinture composée de membres dont les talens lui faisoient honneur. Van-Mol y fut admis, et il en augmenta l'éclat. Il mourut en 1650, âgé de 70 ans.

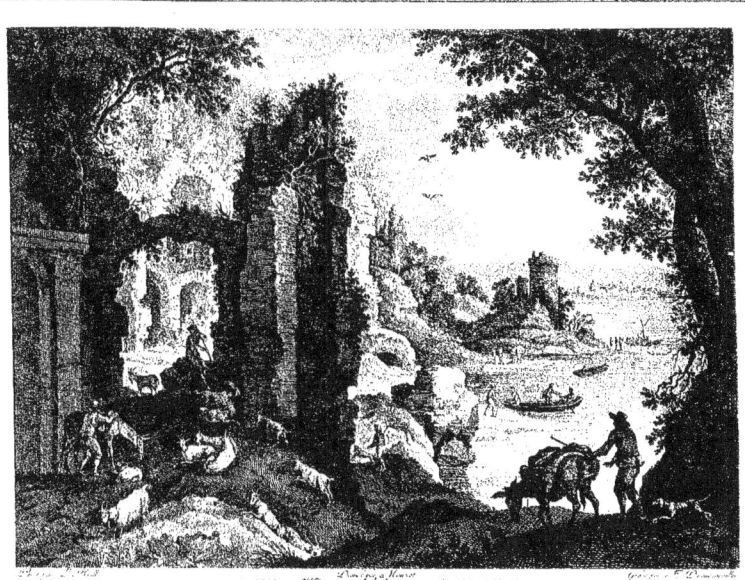

LES CHEVRES

De la Galerie de S. A. S. Monseigneur le Duc d'Orléans.

ÉCOLE FLAMANDE.

TABLEAU DE PAUL BRIL.

Peint sur Toile ayant de hauteur 1 Pied 9 Pouces, sur 2 Pieds 4 Pouces de large.

Monseigneur le Duc d'Orléans possède cinq Tableaux de ce Maître.

Ce Tableau représente les ruines de quelque grand Monument situé sur les bords d'une Rivière. On voit des Chèvres gardées par un homme assis sous une Arcade. Il droite sur le premier plan est un homme qui conduit un âne. Par delà les ruines est un Côteau riche de paysage, dont la pente vers la Rivière est terminée par une Tour. Dans l'éloignement on aperçoit une Ville assise au pied des Côteaux qui terminent l'horizon.

L'effet de ce Tableau est piquant par de belles oppositions d'ombre et de lumière, mais la couleur en est fadée. Le fragment du Monument qui se trouve éclairé, est d'un ton tiède et se dessine sèchement sur tous les objets environnants. On désireroit en général plus de transparence et de chaleur dans le coloris et moins de maigreur dans le feuillé du Paysage. Cependant cette composition est agréable par la variété des plans et l'étendue du Site, dont l'Artiste a su tirer un grand effet.

Paul Bril naquit à Anvers en 1554. Ses premiers Ouvrages n'approchent pas de ceux qu'il fit après avoir été en Italie. Sorti de l'École de Daniel Vôlcheman à l'âge de vingt ans, il passa en France, s'arrêta à Lion, et joignit enfin Matthieu Bril son frère que le Pape Grégoire XIII occupoit à Rome dans le Vatican. Les leçons de ce frère, et la vue des Tableaux du Titien et d'Annibal Carrache lui furent extrêmement utiles, et reforma sa manière, et il réussit surtout à faire des Paysages admirables. Quoiqu'il dessinât bien la figure, il s'associa aux d'autres Peintres pour faire les Paysages des Tableaux d'Histoire qu'ils peignoient à fresque. Annibal Carrache lui-même ne dédaigna pas d'entrer dans cette association. Paul Bril mourut à Rome en 1626, âgé de 72 ans.

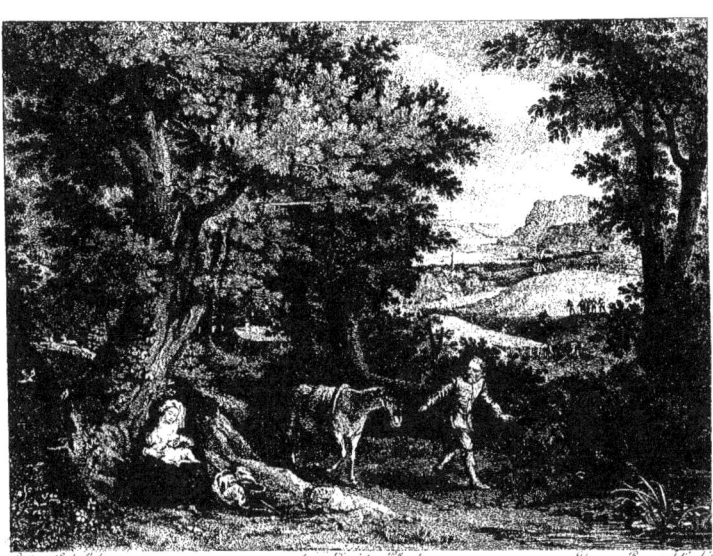

REPOS EN EGIPTE.
De la Galerie de S. A. S. Monseigneur le Duc d'Orléans.

ÉCOLE FLAMANDE.

TABLEAU DE PAUL BRIL.

Peint sur Cuivre, ayant de hauteur — Pouces, sur 9 Pouces de large.

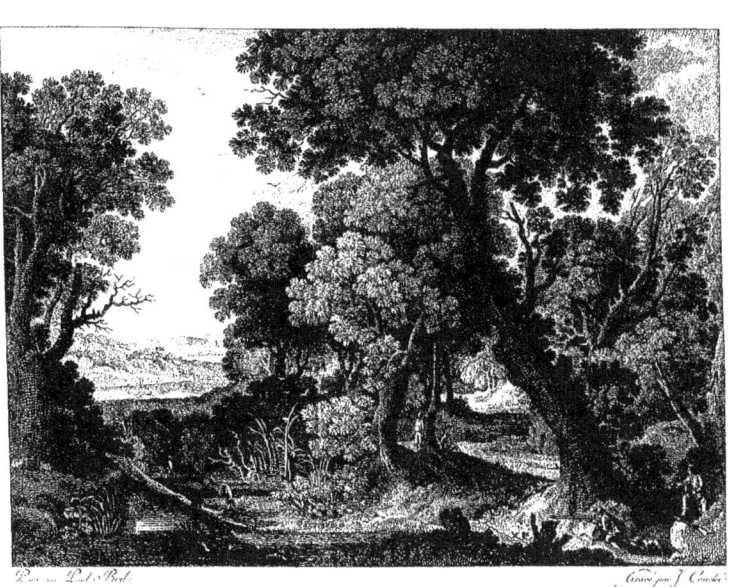

Peint par Paul Bril.   Gravé par J. Couché.

LA CHASSE AUX CANARDS.
De la Galerie du Palais d'Orléans.
ÉCOLE FLAMANDE.

III.ᵉ TABLEAU DE PAUL BRIL.

Peint sur Toile, ayant de hauteur 1 Pied – Pouces, sur 1 Pieds 3 Pouces de large.

Ce Tableau offre l'entrée d'un Bois dont la profondeur est indiquée par une Route où sont deux Voyageurs, l'un debout, l'autre assis au pied d'un Arbre. Sur le devant plusieurs Chasseurs sont à l'affut près d'un Étang où l'on voit différens Oiseaux Aquatiques. Dans l'intervalle que laissent entr'elles de belles Masses d'Arbres l'on apperçoit un Lointain agréable et d'un ton Clair qui fait un beau contraste avec le ton vigoureux du Paysage. Tous les détails de ce Tableau sont on ne peut pas plus intéressans, le feuillé, la Touche, l'effet et le grand style tout justifie la haute Réputation de Paul Bril dans ce Genre.

L'on remarque les principales productions de Paul Bril comme autant de Tableaux Topographiques; dans le Salon d'été du Pape il avoit representé en six Tableaux les six Couvents principaux du Domaine de sa Sainteté; il en avoit choisi les situations les plus agréables et les peignit d'après Nature. Il fit plusieurs Tableaux pour orner un Salon chez le Cardinal Mathieu, et six autres Paysages representans six Chateaux et leurs environs appartenans à cette Eminence.

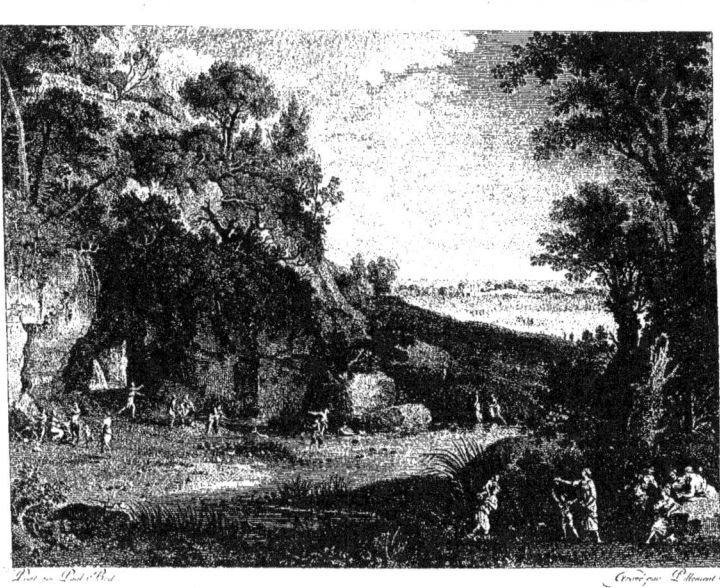

Peint par Paul Bril.   Gravé par P. Monert.

LES NYMPHES ET LES SATYRES.
De la Galerie du Palais d'Orléans.
ÉCOLE FLAMANDE.

N.ᵉ TABLEAU DE PAUL BRIL.

Peint sur Toile, ayant de hauteur 3 Pieds 10 Pouces, sur 2 Pieds 6 Pouces de large.

Ce Tableau est d'un Effet bien prononcé, il offre de belles Oppositions sur un Ciel clair et léger. La Touche en est ferme, large, expressive, et toutes ses parties indiquent que Paul Bril avoit formé son Style sur la Nature dans quelques lieux riants et fleuris, dans d'autres tristes et décrépits, et qu'il en avoit conservé d'heureuses réminiscences.

Ce Peintre, en général, ne produisoit pas les figures dans ses Paysages, mais le peu qu'il y en mettoit est toujours exprimé avec intelligence, touché avec fermeté et esprit. Il avoit quelquefois recours à une Main étrangère pour enrichir davantage ses Compositions. Les figures que l'on voit ici sont d'Annibal Carrache, ce sont des Nymphes et des Satyres se livrant à divers amusements champêtres.

Parmi les Elèves de ce Maître qui ont le plus approché de sa Manière, l'on distingue Balthazar Lauwers et Guillaume Nieullant. Ce dernier a gravé plusieurs morceaux d'après Paul Bril, ainsi que Sadler, célèbre Graveur.

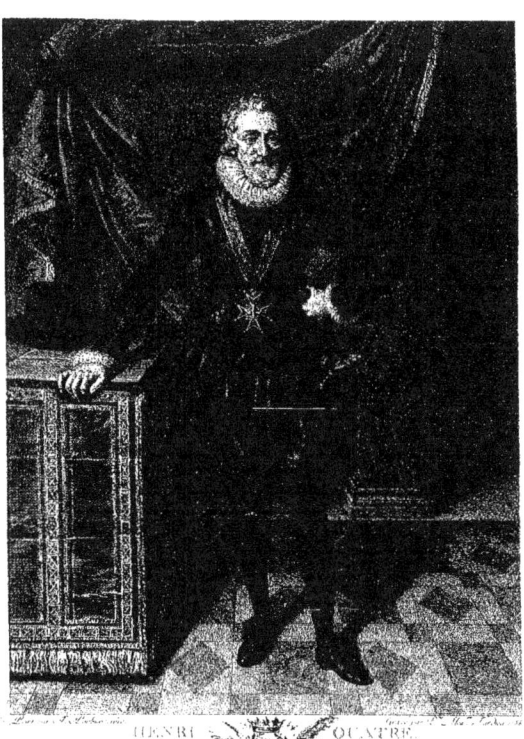

HENRI QUATRE.
De la Galerie de S. A. S. Monseigneur le Duc d'Orléans.

ÉCOLE FLAMANDE.

TABLEAU DE FRANÇOIS PORBUS.

Peint sur Bois, ayant de hauteur 14 Pouces, sur 9 de large.

Monseigneur le Duc d'Orléans ne possède que ce seul Tableau de ce Maître.

La manière de peindre de François Porbus est précieuse et finie, et ses Portraits sont recherchés pour la vérité des ressemblances. Celui de Henri IV est d'une grande beauté; tous les traits de ce bon Roi sont parfaitement saisis.

François Porbus, né en Flandres, après avoir longtemps voyagé, se fixa à Paris où il acheva de se perfectionner. Il peignit avec un égal succès le Portrait et l'Histoire, et mourut en 1622, âgé de 52 ans.

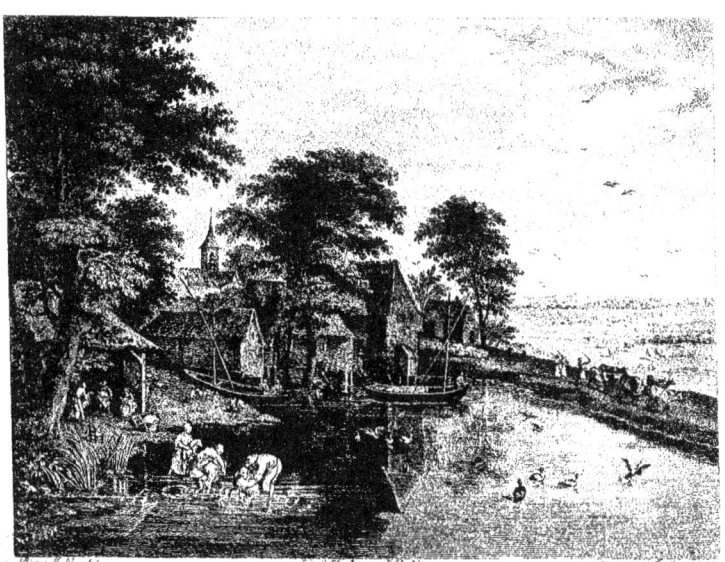

LA TONTE DES MOUTONS
De la Galerie de S. A. S. Monseigneur le Duc d'Orléans

ECOLE FLAMANDE

TABLEAU DE JEAN BREUGHEL
dit BREUGHEL DE VELOURS

Peint sur toile, ayant de hauteur 3 pieds 6 pouces, sur 4 pieds 6 pouces de large.

S. A. S. Monseigneur le Duc d'Orléans possède ce Tableau de ce Peintre.

Le Breughel de cette école avoit beaucoup d'esprit et de légèreté dans la touche, un grande correction dans les Figures, et un pré merveilleux. Cette derniere qualité ne se fait pas connoitre envisageant d'un œil ce Tableau, comme dans tous ceux qui sont sortis de ses mains, mais la nature y est rendue avec beaucoup de vérité ; il est peint d'une manière suave et agréable, les figures y sont touchées spirituellement et d'un bon goût, et ce qui le rend encore très précieux aux yeux des Connoisseurs, c'est la transparence et la légèreté des eaux, du Ciel et du lointain.

On connoit trois Breughel de la même Famille, qui ont acquis de la reputation dans la Peinture, et auxquels on a donné trois surnoms différens pour les distinguer. Le Père, né à Breughel, village près de Breda en Hollande, qui surnomme le Vieux, florissoit dans le milieu du 16e siècle et laissa deux fils Jean et Pierre. Le premier fut surnommé Breughel de Velours, parceque il avoit coutume de s'habiller de cette étoffe, et le second, Breughel d'Enfer, parcequ'il prenoit plaisir à représenter les monstres des Magiciens, les Diables et les...

Breughel de Velours acquis à Bruxelles, sa patrie, un grand nom ; il s'amusoit par goûts, des fleurs et des fruits et beaux après à représenter des Vues de mer, où il met de petites figures et des Caravanes chevaux, crées à travers et à peints, d'animaux et de nations, qu'il rendoit avec beaucoup de goût. Le voyage qu'il fit en Italie acheva de perfectionner son talent ; il mérita même l'estime et l'amitié de ces Cavaliers qui s'interessoient avec lui pour être initiés dans leurs mystères ; le célèbre Rubens lui même eut tant de prix à ses Tableaux, en employant ses talents à y peindre les Paysages. Jean Breughel eut aussi servir d'un Historien qu'il a rendu en petit.

Sa mort est ignorée par les Ecrivains Flamands. Félibien croit qu'il est mort en 1642, âgé de 40 ans.

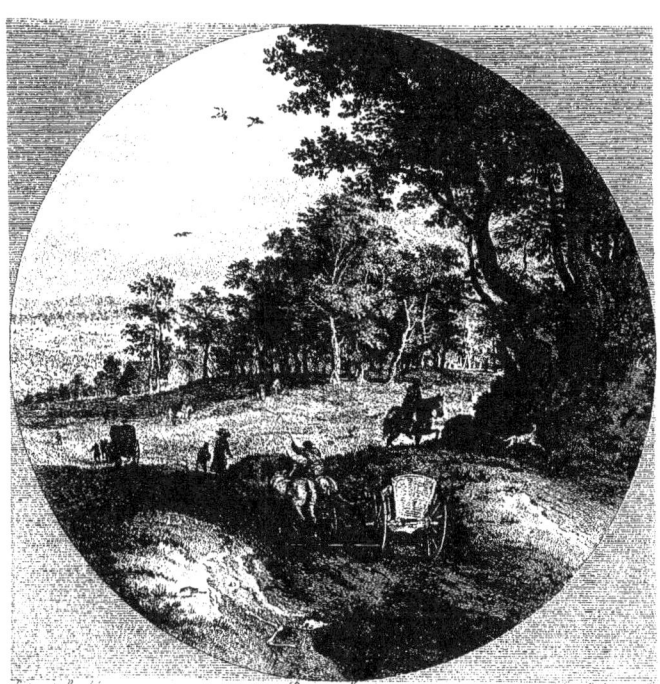

LE CHARIOT.
De la Galerie de S. A. S. Monseigneur le Duc d'Orléans

ÉCOLE FLAMANDE.

TABLEAU DE JEAN BREUGHEL,
DIT BREUGHEL DE VELOURS,
Peint sur Bois, Rond de 8 Pouces de diamètre.

Charmant Paysage est d'un ciel transparent d'une grande beauté de touche. Le premier plan est un chemin où l'on voit un chariot traîné par deux Chevaux. Un cavalier précédé d'un Chien, suit un sentier plus élevé et situé en avant. De grands Arbres sur un terre plus élevé que le chemin, répandent des masses d'ombres sur ce premier plan où quelques accidents de lumière forment de belles oppositions. Un second plan très vaste devient intéressant par ses variétés. L'entrée d'un Bois fait un grand effet par quelques percées de lumière qui en laissant apercevoir la profondeur ainsi que quelques chaumières qui indiquent un Village au milieu de ce Bois. On voit un Chariot qui suit la même route que les deux premiers, et plusieurs figures touchées avec esprit.

On ne peut point voir un Tableau plus précieux de ce Maître, il est harmonieux d'un grand fini, et d'un effet des plus piquants.

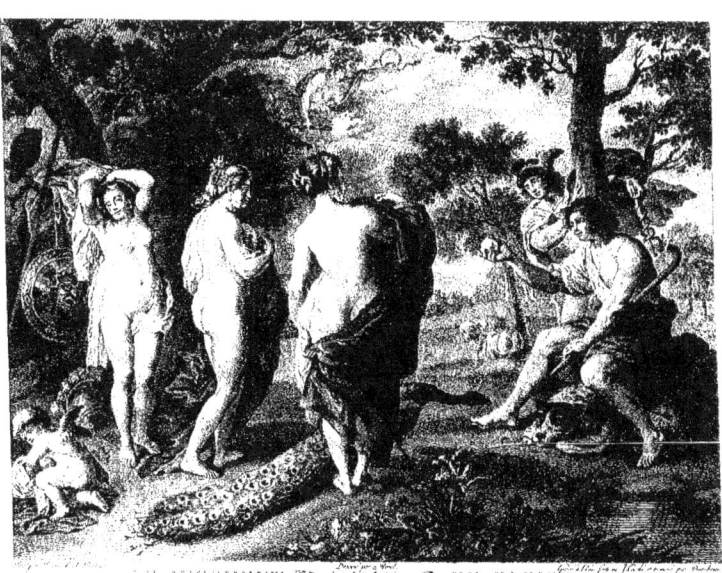

LE JUGEMENT DE PARIS.

De la Galerie de S.A.S. Monseigneur le Duc d'Orléans.

ECOLE FLAMANDE.

TABLEAU DE PIERRE PAUL RUBENS,

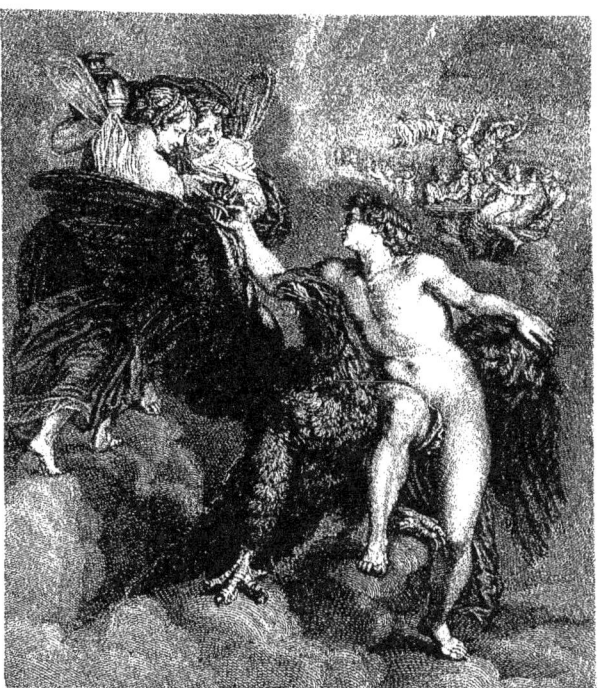

ENLEVEMENT DE GANYMEDE

De la Galerie de S. A. S. Monseigneur le Duc d'Orléans

ECOLE FLAMANDE

TABLEAU DE PIERRE PAUL RUBENS

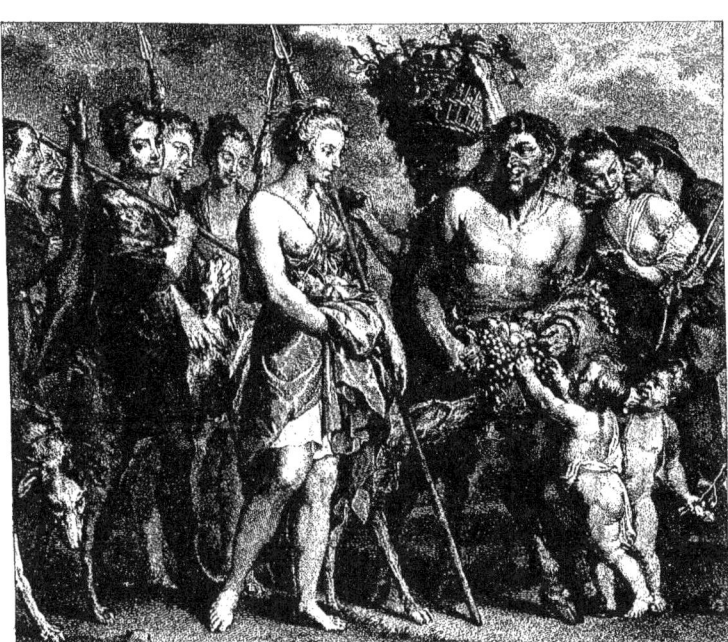

VÉNUS REVENANT DE LA CHASSE.
De la Galerie de S.A.S. Monseigneur le Duc d'Orléans.

ÉCOLE FLAMANDE.

III.ᵉ TABLEAU DE PIERRE PAUL RUBENS.

Peint sur Toile, ayant de hauteur 6 Pieds, sur 7 Pieds de Large.

Ce Tableau attribué à Rubens faisoit partie de ceux qui étoient au Château de S.ᵗ Cloud, et qui en ont été retirés lorsque ce Château a été vendu à la Reine par feu M.ʳ le Duc d'Orléans. Il est connu dans le Catalogue des Tableaux du Palais Royal, sous la Dénomination de Vénus revenant de la Chasse. On ne reçoit cependant pas cette Déesse, Rubens n'auroit pas négligé de la faire remarquer par sa beauté, et par les attributs qui caractérisent la Mere des Amours. Il faut plutôt croire que ce Peintre n'a voulu représenter que quelques Nymphes de Diane revenant de la Chasse. Des Satires viennent à leur rencontre, et leurs offrent pour rafraichissement des fruits qu'ils portent dans des Corbeilles, deux Enfans participent à ces presens, et en mangent les premiers.

Cette Composition est interessante par la variété des objets qu'elle réunit. On y remarque surtout le ton chaud et vigoureux qui caractérise les Ouvrages du Grand Maitre, auquel on l'attribue, et qui rachette en quelque sorte les incorrections du Dessin et le peu d'agrément qu'on remarque dans les formes des femmes.

Ce Tableau étoit autrefois à Rome dans le Palais du Duc de Bracciano. Le Duc d'Orléans Régent le fit acheter ainsi que les principaux Tableaux de ce Palais, et généralement tous ceux qui étoient dans la magnifique Collection de Christine Reine de Suède.

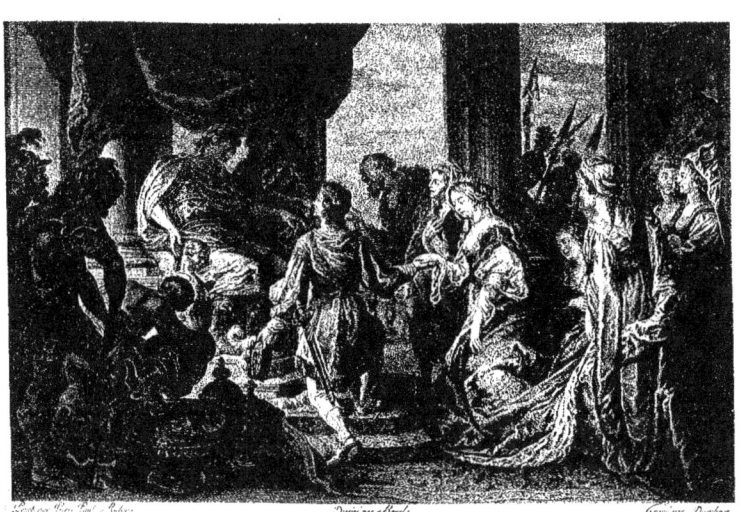

Peint par Pierre Paul Rubens.   Dessiné par Monsiau.   Gravé par Duchesne.

CONTINENCE DE SCIPION.

De la Galerie de S. A. S. Monseigneur le Duc d'Orléans.

ÉCOLE FLAMANDE.

IV.ᵐᵉ TABLEAU DE PIERRE PAUL RUBENS.

Peint sur Toile, ayant de hauteur 6 Pieds 6 Pouces, sur 8 Pieds 2 Pouces de large.

Publius Cornelius Scipion, surnommé L'Africain, l'un des plus grands généraux de l'ancienne Rome, ayant été envoyé en Espagne à l'âge de 24 ans, en fit la conquête en moins de quatre années, battit Asdrubal Carthaginois, et prit Carthage la neuve en un seul jour. La femme de Mardonius et les enfans d'Indibilis, qui étoient des principaux du Pays, s'étant trouvés parmis les prisonniers, Scipion les fit mener honorablement à leurs parens. Ce fut dans cette occasion que par un motif de continence, il renvoya une jeune prisonniere dont la beauté faisoit l'admiration des Romains. Il voulut que sa rançon servît à augmenter la dot qu'on avoit promise à un Seigneur Celtiberien, auquel elle étoit fiancée.

On retrouve dans ce Tableau toute la magnificence et la richesse du beau génie de Rubens. Une Couleur admirable, des expressions nobles et une exécution franche et hardie donnent à toutes les parties le caractère qui leur convient. Les Etoffes en sont de toute beauté.

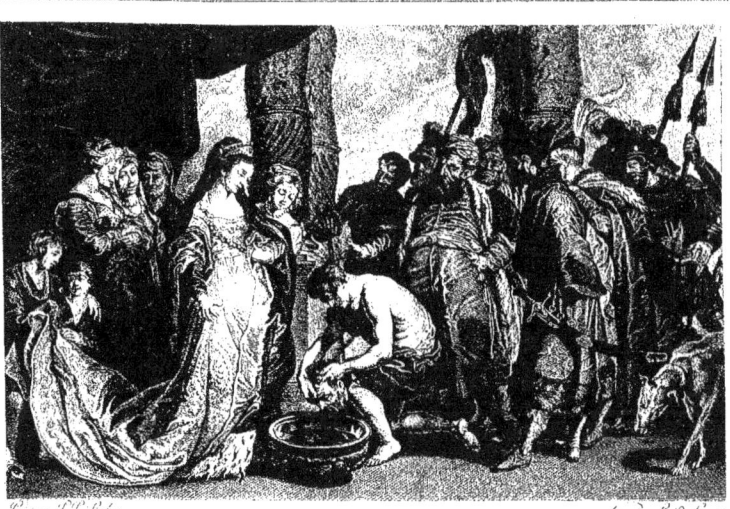

THOMIRIS.
De la Galerie du Palais d'Orléans.
ÉCOLE FLAMANDE.

N.º TABLEAU DE PIERRE PAUL RUBENS.

Peint sur Toile, ayant de hauteur 6 Pieds 5 Pouces, sur 10 Pieds 10 Pouces de large.

Cyrus célèbre Roi des Perses, et l'un des plus grands Conquérans du Monde, naquit 599 ans av.t J.C. à Cambyses, et de Mandane, fille d'Astyages, Roi des Mèdes. On dit qu'Astyages, épouvanté par un Songe où il eut vu que son petit-fils le détrônerait, le fit exposer dans un bois, mais ce jeune Prince fut sauvé par Harpagus à qui Astyages avait ordonné de le faire mourir. Il fut élevé avec des Perses, et s'étant mis à la tête de quelques Troupes révoltées, il détrôna Astyages, et réunit l'Empire des Perses sur les ruines de celui des Mèdes. Marchant ensuite, prit Babilone sur Nabonides, en détournant l'Euphrate par des canaux qu'il y fit, aux Royaumes d'Assyrie et de Babilone, et conquit toute l'Asie. Il permit aux Juifs dispersés dans son Empire, de retourner à Jérusalem, et de rebâtir le Temple de Dieu sous la conduite de Zorobabel, Hérodote et Justin rapportent qu'ayant vaincu les Massagètes avec Spargapises, leur général, fils de Thomiris leur Reine, cette Princesse marcha contre lui peu de tems après avec une puissante armée, le vainquit, le fit prisonnier, lui fit couper la tête, et la fit plonger dans un Vase rempli de sang en disant: Satia te Sanguine quem Sitisti, étanche la soif que tu as eue du sang humain. Il mourut 529 ans avant J.C.

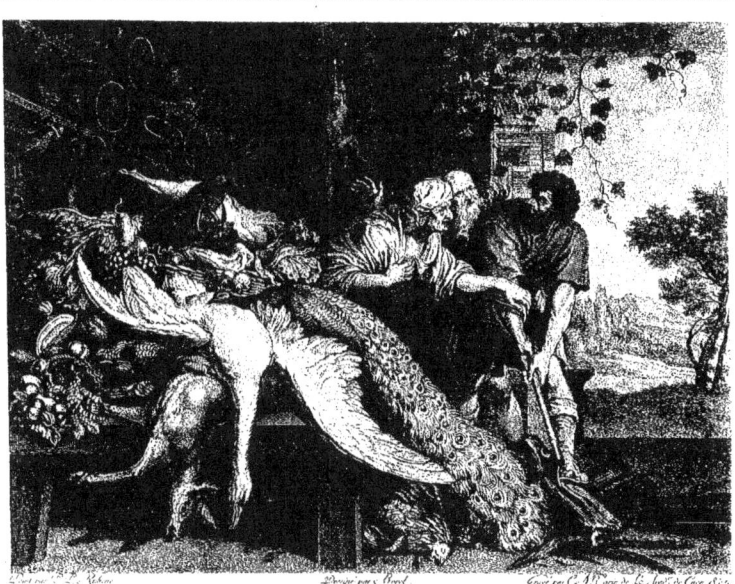

L'AVENTURE DE PHILOPOEMEN.

De la Galerie du Palais Royal.

ÉCOLE FLAMANDE.

VIe TABLEAU DE PIERRE PAUL RUBENS.

Peint sur Toile, ayant de hauteur 8 Pieds, sur 9 Pieds 2 Pouces de large.

Ce Tableau, dans lequel Rubens a fait peindre les Animaux et les accessoires de la Cuisine par Snyders, (1) est admirable pour le Coloris et pour l'exécution. Il représente une aventure arrivée à Philopoemen, ce fameux Général des Achéens, dont la figure étoit peu distinguée, étant entré dans une hôtellerie, l'hôtesse le prit pour un Valet et lui fit fendre du Bois. Elle ne reconnoît sa méprise qu'aux marques d'étonnement et de surprise, qu'exprime son Mari, en reconnoissant Philopoemen.

(1) François Snyders excellent Peintre et Graveur, né à Anvers en 1587, ne peignit d'abord que des fleurs, mais son goût le porta ensuite à peindre des Chasses, des Paysages, des Cuisines, et surtout des Animaux. Personne ne l'a surpassé en ce dernier genre. Il étoit ami de Rubens et ces deux grands Artistes s'aidoient mutuellement dans leurs Tableaux.

Snyders a gravé un Livre d'Animaux, qui est très estimé. Il mourut à Anvers en 165.

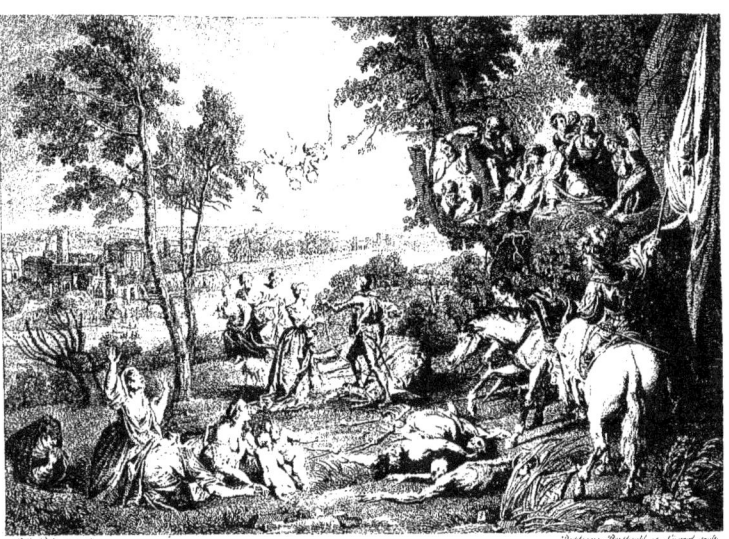

SAINT GEORGES.
De la Galerie du Palais d'Orléans.
ECOLE FLAMANDE.

VIIe TABLEAU DE PIERRE PAUL RUBENS.

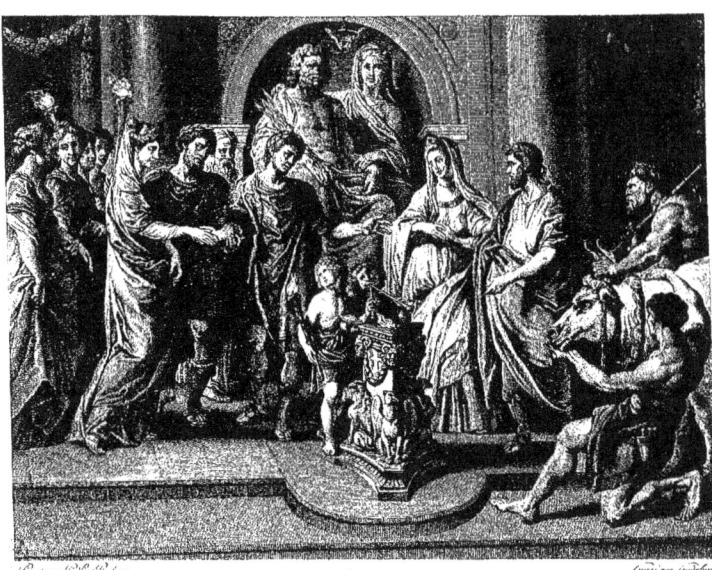

LE MARIAGE DE CONSTENTIN.

De la Galerie du Palais Royal.

ÉCOLE FLAMANDE.

VIII.ᵐᵉ ESQUISSE DE PIERRE PAUL RUBENS.

Peint sur Bois, ayant de hauteur 1 Pied 5 Pouces, sur 1 Pied 8 Pouces de large.

Devant un Autel de forme antique, et dans le Temple de Jupiter et de Junon, dont on voit les Statues, Constantin donne la main en signe d'alliance, à Fausta, qui lui est accordée pour Épouse par l'Empereur Maximien, père de cette Princesse. Il est probable que Rubens a voulu enrichir sa composition, en s'écartant un peu de l'ordre historique, les deux personnages qu'on aperçoit à droite, et qui semblent aussi s'unir sous le joug de l'Hyménée, ne peuvent être que Licinius et Constantia, sœur de Constantin, qui effectivement furent unis, mais non pas à l'époque où Constantin devint l'Époux de Fausta. Les autres figures prennent part à la Cérémonie, et s'apprêtent à faire un Sacrifice.

Cette Esquisse a tout le feu que Rubens mettait dans ses Ouvrages et surtout dans les productions rapidement exécutées où il déposait ses premières pensées. Elle est encore remarquable par la force et la magie du Coloris.

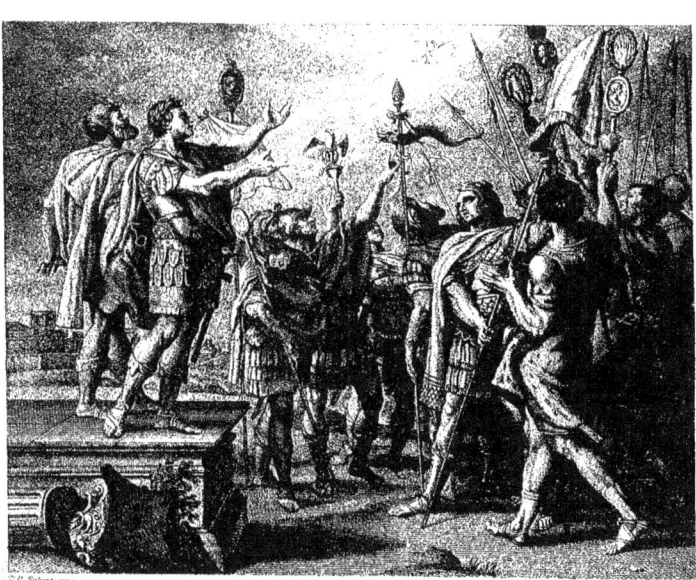

P. P. Rubens pinx. Couché, fils et Léonard Sculp.

LA CROIX MIRACULEUSE.

De la Galerie du Palais d'Orléans.

ÉCOLE FLAMANDE.

ESQUISSE DE PIERRE PAUL RUBENS.

Peinte sur bois. Haut. 1 pied 5 pouces. Larg. 1 pied 8 pouces.

Constantin avait 32 ans quand il parvint en l'an 306 à l'empire. Ses images furent suivant l'usage apportées à Rome, mais l'an 312, Maxence lui déclara la guerre. Étonné que les forces de son ennemi étaient supérieures aux siennes, cet Empereur sentit le besoin d'un secours surnaturel, et pensa à quelle divinité il s'adresserait. Il se souvint que son Père Constance avait honoré toute sa vie le seul Dieu souverain, et qu'il en avait reçu des marques sensibles de protection. Il résolut donc de s'attacher à ce grand Dieu. « L'Empereur Constantin, ajoute Eusèbe, priant avec de toute son affection, quand vers le midi, le soleil commençant à baisser, comme il marchait avec sa campagnie avec des troupes, il vit dans le ciel au-dessus du soleil une croix de lumière, et une inscription qui disait : ceci tu vaincras. Il fut étrangement surpris de cette vision et les troupes qui l'accompagnaient et qui virent la même chose ne furent pas moins étonnées. L'Empereur longtemps après racontait cette merveille, et assurait avec serment l'avoir vue de ses yeux, en présence d'Eusèbe évêque de Césarée qui en a fait écrit l'histoire. »

Rubens a supposé que cette vision eut lieu dans un moment où Constantin haranguait ses troupes. Il a placé ce prince sur un socle élevé indiquant à ses soldats la Croix miraculeuse dont l'éclat les frappe d'étonnement.

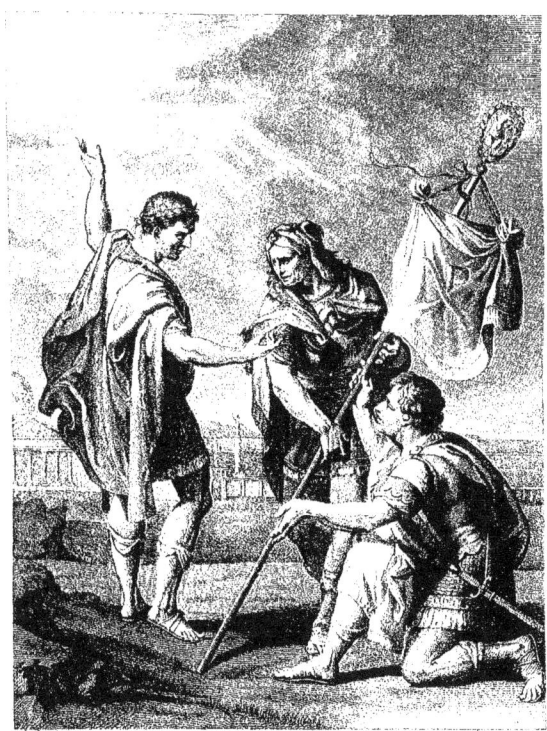

LE LABARUM.

De la Galerie du Palais d'Orléans.

ECOLE FLAMANDE.

ESQUISSE DE PIERRE PAUL RUBENS.

Peinte sur bois. Hauteur 1 pied 1 pouce, Largeur 10 pouces.

Constantin vit pendant son sommeil J. C. portant le même signe qu'il avait remarqué la veille, en plein jour, dans le ciel, après en avoir conféré avec ses amis, il fit exécuter l'image avec de l'or et des pierres précieuses, et résolut de la faire apposer sur ses enseignes pour se rendre certain de ses ennemis dans le combat. Il fit choix à cet effet de cinquante hommes des plus braves et des plus pieux de ses gardes, et les chargea de porter tour à tour ce drapeau à qui l'on donna le nom de Labarum, dont la forme ancienne ne fut pas changée; on y ajouta seulement le monogramme miraculeux. Rubens pour designer que Constantin mit le même signe sur toutes les enseignes de son armée a représenté cet Empereur confiant le Labarum à un Légionnaire et à un autre guerrier.

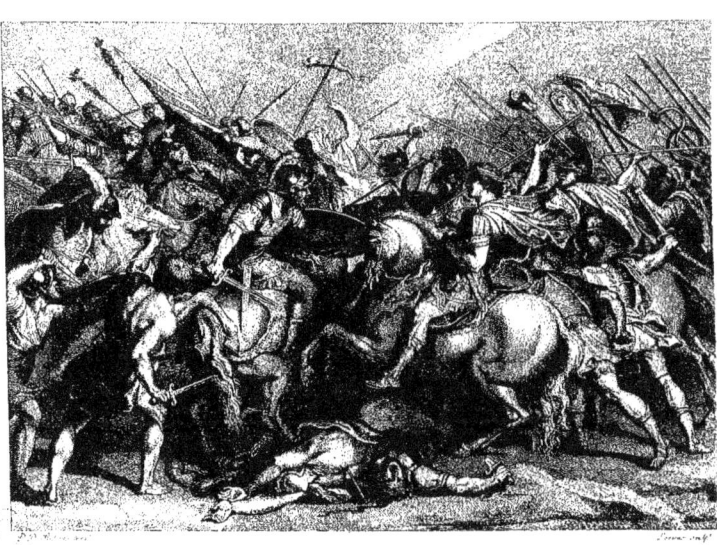

BATAILLE DE CONSTANTIN CONTRE MAXENCE.

De la Galerie du Palais d'Orléans.

ÉCOLE FLAMANDE.

IV.ᵉ ESQUISSE DE PIERRE PAUL RUBENS.

Peinte sur Toile, Hauteur 1 Pied 2 Pouces, Largeur 2 Pieds.

Le 28 Octobre de l'année 312 de l'Ère chrétienne Constantin encouragé par la vision céleste s'approcha de Rome et mit ses troupes en bataille près du Pont Milvius. Maxence fit sortir les siennes hors de passer le Pont mais il n'osa point d'abord sortir lui-même. Si l'on en croit quelques historiens il étoit fort superstitieux et cherchoit à s'assurer la victoire par des opérations magiques. Il faisoit immoler des lions et offroit des sacrifices détestables, jusqu'à faire ouvrir des femmes enceintes et fouiller dans les entrailles des petits enfants.

Cependant le combat s'étoit engagé au dehors et le tyran pour s'étourdir sur le danger qui le menaçoit donnoit des jeux au cirque pour la fête de la sixième année de son avènement à l'Empire qui alloit commencer. Bientôt une sédition éclata dans Rome le Peuple s'écria que Maxence abandonne la cause publique et que Constantin est invincible. Consterné par ce cri il se défiat de ce qu'appellent quelques Sénateurs et fait consulter le livre des Sibylles. On y trouve que ce jour là l'ennemi des Romains doit mourir misérablement. Rassuré par cet oracle et regardant la victoire assurée pour lui il sort et va être le témoin et la victime de la déroute de son armée.

Le moment représenté est celui où la victoire déjà déclarée en faveur de Constantin laisse apercevoir dans le fond l'ennemi fuyant vers le Pont Milvius. La contenance noble et tranquille de l'Empereur au milieu des horreurs du carnage prouve son entière confiance dans les secours surnaturels qu'il attend du Dieu des Armées.

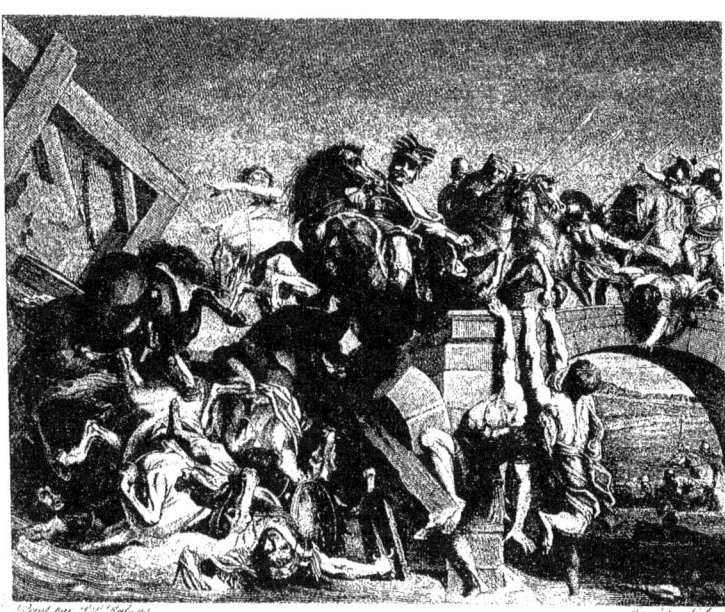

Peint par P.P. Rubens.   Gravé par Dubost.

MORT DE MAXENCE.

De la Galerie du Palais d'Orléans.

ECOLE FLAMANDE.

Vème ESQUISSE DE P. P. RUBENS.

Peinte sur bois. Hauteur 1 Pied 2 Pouces, Largeur 2 Pieds.

Mr Fleury après avoir dit dans son histoire ecclésiastique comment le combat (sujet de la IVe esquisse) s'étoit rallumé à la vue de Maxence, décrit ainsi la mort de cet Empereur : « ses gens plièrent, il fuit, et poussé par la foule il regagne le pont qu'il avoit fait faire avec des bateaux, mais en telle sorte que le milieu se pouvoit rompre, en ôtant les chevilles de fer qui le tenoient. Il avoit cru par là tendre un piège à ses ennemis, et il y fut pris lui-même. Le Pont se trouva rompu, les bateaux s'enfoncèrent avec les hommes qui étoient dessus. Maxence tout le premier tomba dans le Tibre ; ensuite ses gardes, et telle fut la fin de ce tyran ».

Rubens dans l'exposition de ce sujet donne une preuve de l'excellence de son esprit. N'ayant pas l'espace suffisant pour en rendre tous les détails, il s'attache à l'essentiel et néglige le reste ; il présente une idée mesquine du Tibre et du pont Milvius, où il omet la représentation pittoresque des machines qui s'enfoncent avec les bateaux ; il imite avec jugement l'artifice des bas-reliefs antiques où tout ce qui n'est pas l'objet principal est seulement indiqué.

La convenance exigeoit que les figures eussent à peu près la même proportion que celles des esquisses dont celle-ci fait partie, il s'est donc borné à placer Maxence de manière à le faire reconnoître. Ce tyran tombé à la renverse a la tête encore ceinte d'une couronne de laurier ; en vain serre-t-il un poignard dans la main, la chute sur lui prochaine d'un cavalier rend sa mort inévitable.

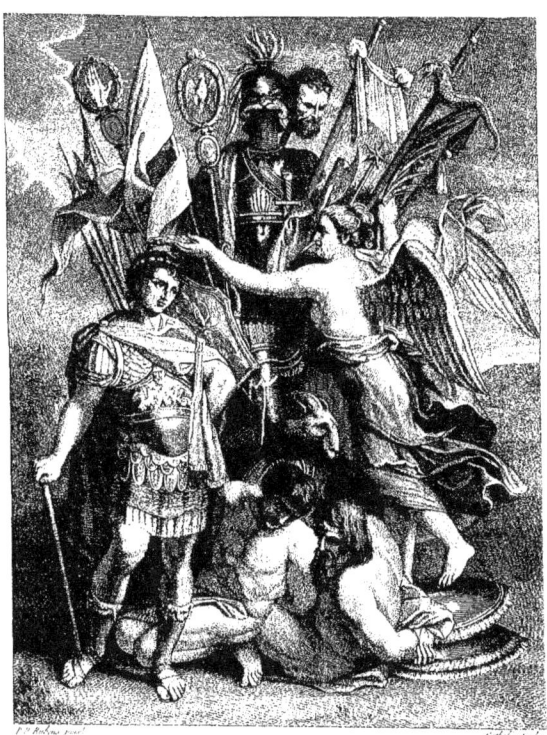

P.P. Rubens pinx. Catholin sculp.

TROPHÉE A LA GLOIRE DE CONSTANTIN.

De la Galerie du Palais d'Orléans

ÉCOLE FLAMANDE.

ESQUISSE DE PIERRE PAUL RUBENS.

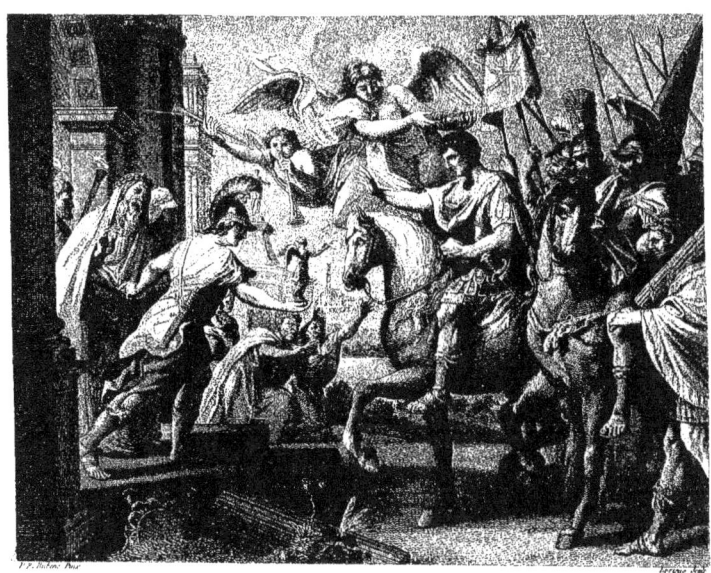

ENTRÉE TRIOMPHANTE DE CONSTANTIN DANS ROME.

De la Galerie du Palais d'Orléans.

ECOLE FLAMANDE.

VII.ᵉ ESQUISSE DE PIERRE PAUL RUBENS.

Peinte sur bois, hauteur 1 pied 10 pouces, largeur 2 pieds.

La Renommée sonnant de sa bouche la trompette qui lui sert à répandre fausses renommée celle avec laquelle elle publie la vérité, pour annoncer les hauts faits et l'arrivée du vainqueur. Il est à cheval, une jeune ailée le couronne, les licteurs le suivent, l'éclat de sa guerrière l'accompagnent. L'un d'eux porte le labarum, dont l'image contraste avec celle de la victoire que Rome personnifiée et soumise présente à l'Empereur. La Déesse le casque en tête, le glaive suspendu au côté, semble indiquer les honneurs que les Pontifes vont décerner à Constantin pour ses heureux succès. Le Prince reçoit avec bonté l'hommage de ses nouveaux sujets dont une partie est prosternée à ses pieds.

L'on présume que Rubens devançant l'ordre des tems à désigné à la place de la porte de la Ville, l'arc de triomphe que le Sénat fit ériger à l'honneur de Constantin. Il se voit encore à Rome et porte cette inscription : A l'Empereur César Flavius Constantin, grand, pieux, heureux, le Sénat et le peuple Romain a dédié cet Arc de triomphe, parceque poussé par la Divinité et par sa grandeur d'âme, accompagné de son armée, il a vengé l'état, en même tems du tyran et de toute sa faction par ses justes armes.

L'on apperçoit dans le fond les murs et quelques monumens de l'ancienne Rome, et sur le devant un chapiteau et un tronçon de colonne destinés à l'Arc de triomphe qui fut décoré des bas-reliefs arrachés à celui que le peuple Romain avoit deux siècles auparavant élevé à l'honneur de Trajan.

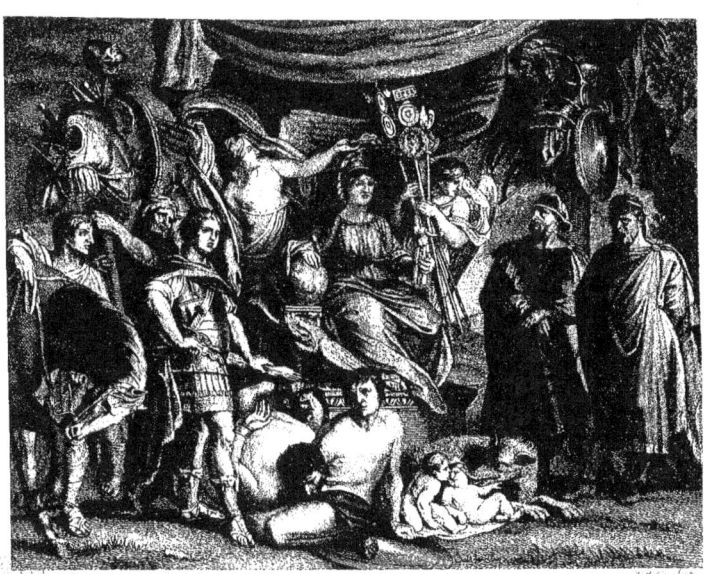

CONSTANTIN REND LA LIBERTÉ AUX SÉNATEURS.

De la Galerie du Palais d'Orléans.

ÉCOLE FLAMANDE

VII.ᵉ ESQUISSE DE PIERRE PAUL RUBENS.

Peinte sur bois. Hauteur 1 pied 10 pouces, Largeur 2 pieds.

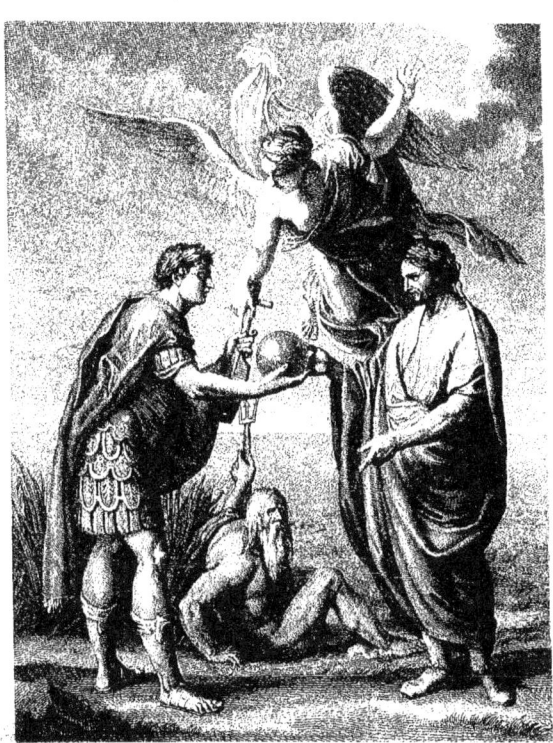

CONSTANTIN DONNE LE COMMANDE DE SA FLOTTE A CRISPE SON FILS.

De la Galerie du Palais d'Orléans

ÉCOLE FLAMANDE.

Nº ESQUISSE DE PIERRE PAUL RUBENS.

Peinte sur bois, hauteur 1 Pied 2 pouces, Largeur 11 Pouces.

L'An 324 de l'Ère Chrétienne, Licinius vaincu sur terre par Constantin le fut bientôt après sur mer : Amand qui commandait la flotte, mit en fuite près de Gallipoli par Crispe fils de Constantin et de Minervine 130 Vaisseaux 5000 Soldats, et n'échappa qu'avec peine à la poursuite du vainqueur.

Afin d'exprimer en même tems et le commandement confié au jeune César et sa victoire navale, Rubens s'est servi de l'Allégorie, il représenta près de Neptune tranquillement assis sur les bords de la mer, Crispe recevant de la Victoire une gouvernail, et de Constantin un bouclier symbole de la puissance et du commandement.

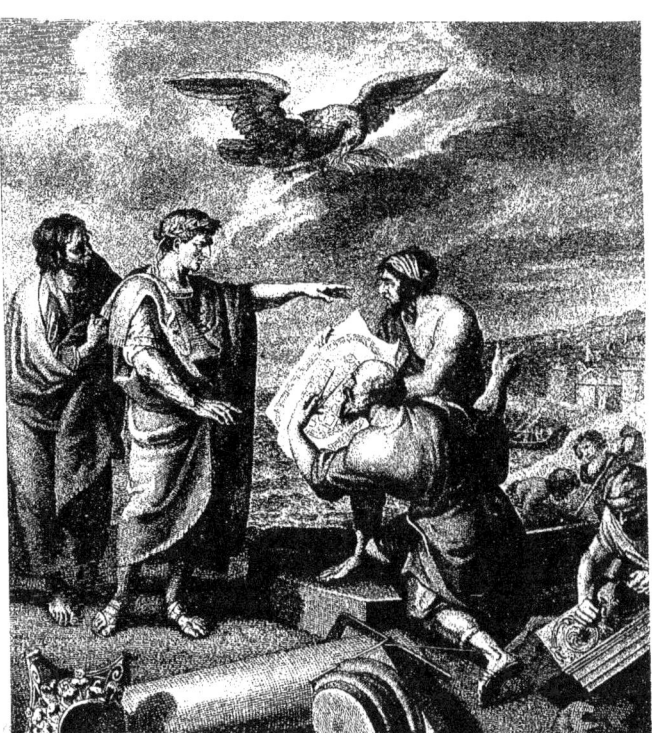

P.P. Rubens pinx.* Gravé à l'eau forte Terminé par Dubos, membre de la Légion d'Honneur

FONDATION DE LA VILLE DE CONSTANTINOPLE,
l'an 326 de l'Ère Chrétienne.
De la Galerie du Palais d'Orléans.
ÉCOLE FLAMANDE.

N.º ESQUISSE DE PIERRE PAUL RUBENS.
Peinte sur bois, hauteur 15 pouces et demi, même largeur.

Constantin dégoûté du séjour de Rome, où son changement de religion l'avait rendu odieux au Sénat et au Peuple encore idolâtre, voulut transporter ailleurs le siège de l'Empire. Venu à Byzance et touché de sa situation merveilleuse, il se fixa en ce lieu et y bâtit une grande ville qui porte encore son nom.

Pour rappeler cet événement, Rubens a représenté Constantin la tête ceinte de lauriers donnant des ordres à l'architecte qui lui présente le plan de la nouvelle ville, et pour mieux faire connaître qu'il s'agissait de Constantinople, sur la foi de quelques histoires grecques, il a introduit dans sa composition l'aigle, qui ayant enlevé un cordeau de maçon, le laisse tomber à l'endroit où fut bâti Constantinople; selon cet auteur ce nouveau prodige confirma ceux qui engageaient Constantin à préférer à l'emplacement de Troye, sur lequel il avait déjà commencé quelques constructions, celui de Byzance qui lui offrait de plus grands avantages.

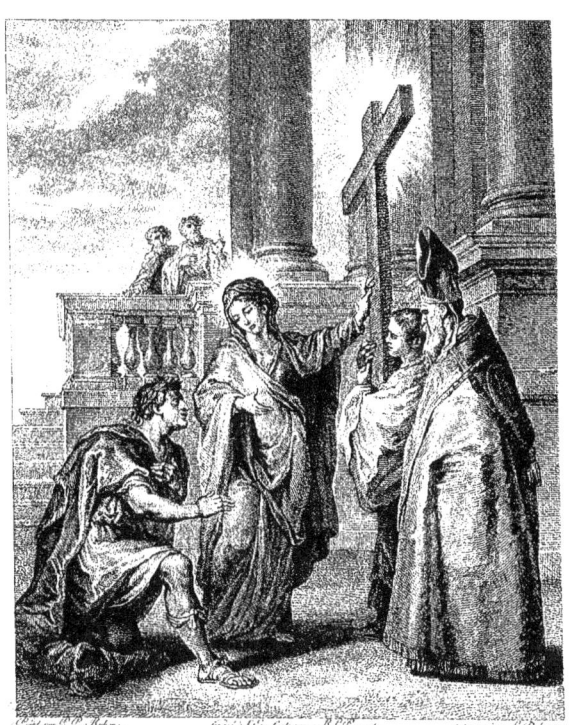

CONSTANTIN ADORE LA VRAIE CROIX.

De la Galerie de S. A. S. Monseigneur le Duc d'Orléans.

ÉCOLE FLAMANDE.

XI.ᵉ ESQUISSE DE PIERRE PAUL RUBENS,

Peinte sur Bois, ayant de hauteur 13 Pouces 6 Lignes, sur 12 Pouces 6 Lignes de large.

Helene, Mère de l'Empereur Constantin, ayant eu la satisfaction de découvrir et de trouver à Jérusalem la Croix du Sauveur, en restant dans l'âge le plus avancé, avec toute la force et l'éclat de la jeunesse, et fait aussitôt présenter à son fils par un Évêque la portion du bois salutaire qu'elle avoit réservée pour le Palais. L'An 32.ᵉ de Jésus-Christ.

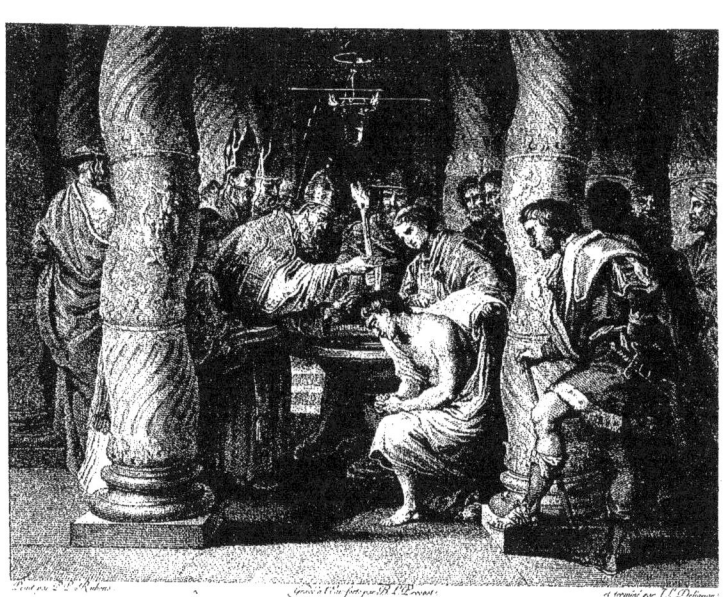

Peint par P.P. Rubens.   Gravé à l'Eau forte par Ed. P.   et terminé par J.C. Delaunay.

BAPTÊME DE CONSTANTIN.

De la Galerie du Palais Royal

ÉCOLE FLAMANDE.

XII. ESQUISSE DE PIERRE PAUL RUBENS.

Peinte sur Bois, ayant de hauteur 1 Pied 5 Pouces, sur 1 Pied 8 Pouces de large.

Constantin sentant approcher la fin de ses jours, et jugeant qu'il était tems de penser sérieusement à décharger sa conscience et à purger son âme de ses fautes, se présente dans l'Église aux Évêques et aux Prêtres, et s'étant confessé à Jésus en leur présence de tous ses péchés, demande à être admis à la grâce du Baptême, qu'il reçut solennellement après les instructions et l'exposition des vérités saintes qu'il devait quitter; tombant dans les lumières vives et pénétrantes de la foi, autant de motifs de consolation et de joye, qu'il était saisi de frayeur et d'étonnement à la vue de la Puissance Divine dont il éprouvait sensiblement les effets. L'An de Jésus-Christ 337, le 11 May.

Cette Esquisse est d'une vigueur de Coloris, et d'une éxécution admirable.

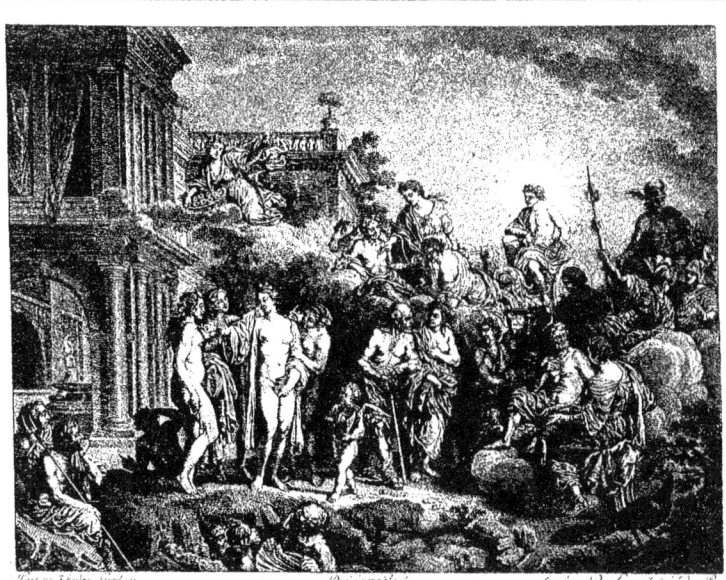

ASSEMBLÉE DES DIEUX
De la Galerie de S. A. S. Monseigneur le Duc d'Orléans.

ÉCOLE FLAMANDE.

1.er TABLEAU DE THEODORE ROMBOUTS.

Peint sur Toile, ayant de hauteur 3 Pieds sur 4 Pieds 6 Pouces de large.

Monseigneur le Duc d'Orléans possède deux Tableaux de ce Maître.

Selon la fable, Vulcain fit une Statue qu'il amena à les Dieux s'assemblèrent pour la rendre parfaite en lui donnant chacun une qualité: Vénus lui donna la Beauté, Pallas la Sagesse, Mercure l'Eloquence &c. Jupiter rendit toutes Prométhée qui avoit dérobé le feu du Ciel pour animer les premiers hommes, envoya Pandore sur la Terre avec une Boëtte ou tous les maux étoient renfermés. On dit que Prométhée à qui elle présenta cette Boëtte l'ayant refusée, la donna à Epiméthée qui eut l'indiscretion de l'ouvrir, et que de cette Boëtte sortirent tous les maux qui inondèrent toute la Terre, il ne resta que la seule espérance dans le fond.

Ce Tableau, composé dans la manière des plus grands Maîtres, réunit à la correction du Dessin et à la vigueur du Coloris, la touche la plus large et la plus facile.

Theodore Rombouts naquit à Anvers en 1597, et étudia sous Janssens ou il fit les progrès les plus rapides. Étant allé à Rome il y fit plusieurs Tableaux qui furent recherchés des Connoisseurs et qui lui méritèrent le nom de Grand Artiste. Le Grand Duc de Toscane le rappelle à sa Cour, il exerce son Pinceau et lui fit de grands présents, entre lesquels, qu'il lui donnoit pour ses ouvrages. De retour à Anvers Theodore Rombouts fit plusieurs Tableaux qui portèrent sa réputation au plus haut degré, mais son extrème jalousie contre Rubens et les grandes dépenses qu'il fit pour atteindre la magnificence de ce Peintre, le ruinèrent. Il mourut de chagrin à Anvers, selon Weyermans en 1640, et selon Houbraken en 1637.

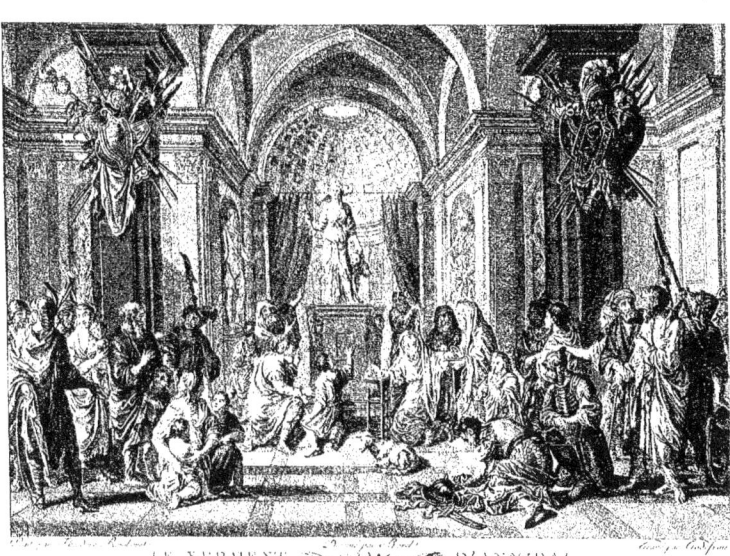

LE SERMENT D'ANNIBAL.

De la Galerie du Palais Royal.

ÉCOLE FLAMANDE.

TABLEAU DE THÉODORE ROMBOUTS.

Peint sur Toile, ayant de hauteur 3 Pieds, sur 3 Pieds 6 Pouces de large.

Amilcar, père d'Annibal, lui fit jurer sur les Autels, de poursuivre les Romains jusqu'à la mort. Annibal à l'âge de xix ans prit le commandement de l'Armée des Carthaginois 219 ans avant J.C. Il soumit d'abord les Olcades, emporta la ville d'Olibée, près Salamanque et Sagont. De la il entreprit d'aller attaquer les Romains jusque chez eux. Il passa le Rhône, s'ouvrit un chemin au travers des Alpes et entra en Italie avec une Armée de 90 mille Hommes de pied, et de 12000 Chevaux, il passa d'abord Tessin, petit Cornelius Scipion auprès de Pavie, et Sempronius Longus, près de la rivière de Trebia, l'Armée ennemie il remporta une grand victoire au Cap Flaminius près du Lac Thrasymène où les Romains perdirent 15000 hommes de pied, et 1500 chevaux. Il gagna ensuite la Bataille de Cannes où Paul-Émile demeura sur la place avec 45000 hommes de pied et 2700 de Cavalerie. Annibal envoya à Carthage trois Boisseaux remplis d'anneaux des 5400 Chevaliers tués en cette Bataille. Cinq ans après il alla camper aux portes de Rome, les Romains en furent si peu effrayés qu'ils envoyèrent le même jour un secours considérable en Espagne, les places l'obligèrent de lever le Siège, le Consul Marcellus lui donna ensuite trois Batailles ou trois jours consécutifs mais avec diverses succès. Il fut ensuite rappelé en Afrique pour faire tête à Scipion, mais il fut battu et se retira auprès de Prusias Roi de Bithynie, où craignant de tomber entre les mains des Romains il s'empoisonna à l'âge de 64 ans.

Ce Tableau, qui fait pendant au précédent, est d'un bon ton de couleur et bien concerté.

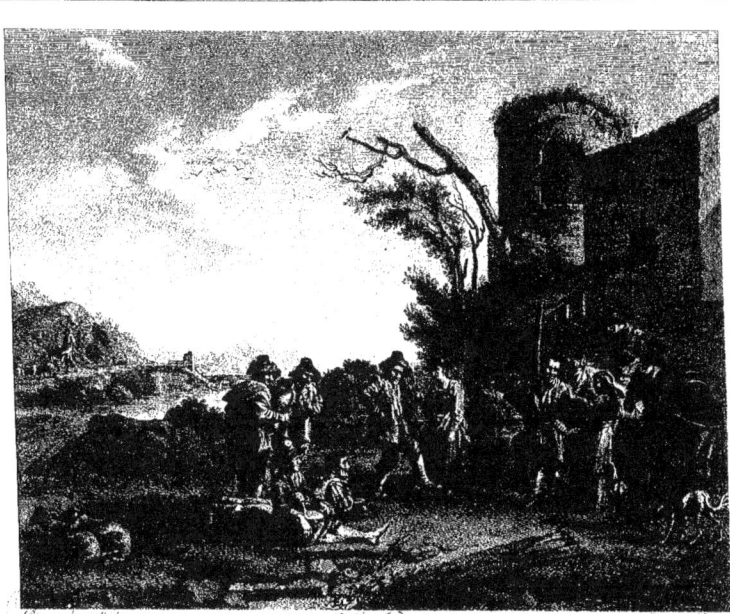

Peint par Jean Miel. Dessiné par Goyarrd. Gravé par Guérin f.

LA DANSE.

De la Galerie de S. A. S. Monseigneur le Duc d'Orléans.

ÉCOLE FLAMANDE.

1.ᵉʳ TABLEAU DE JEAN MIEL
OU MIELE.

Peint sur Toile, ayant de hauteur 2 Pieds 1 Pouce, sur 2 Pieds 3 Pouces de large.

Monseigneur le Duc d'Orléans, possede trois Tableaux de ce Maître.

Ce Sujet offre un divertissement champêtre, on y voit un homme et une femme qui dansent au son d'une Corne Muse ? Parmi les Spectateurs on en voit qui attendent leurs tour, et d'autres qui boivent à la porte d'un Cabaret. Des fabriques et un Loin tain agréable ajoutent à l'intérêt de la Scene ? Ce Tableau est d'une Touche moelleuse, d'un Coloris chaud et d'un bon ? Aspect, mais on remarque ici comme dans tous les Ouvrages de ce Maître, des Ombres trop forcées sur les premiers plans ?

Jean Miel naquit à Vlendron près d'Anvers en 1599, il eut pour Maître Guerrard Seghers chez lequel il fit de grands progrès, mais voulant étudier d'après les Chef d'Œuvres de l'Italie, il alla à Rome et se perfectionna dans l'École d'Andrea Sacchi, Ce Maître lui procura de grands Ouvrages, mais Jean Miel ayant traité d'une manière grotesque un sujet d'histoire qu'il lui avoit confié, fut obligé de fuir pour éviter sa colere, et se retira en Lombardie ? Charles Emanuel, Duc de Savoye, attira cet Artiste célebre à sa Cour, l'un fuit par ses bienfaits, et le décora de l'Ordre de S. Maurice ? Il mourut à Turin en 1664 ?

Ce Maître a gravé à l'Eau forte beaucoup de Morceaux qui sont très recherchés par les Amateurs ?

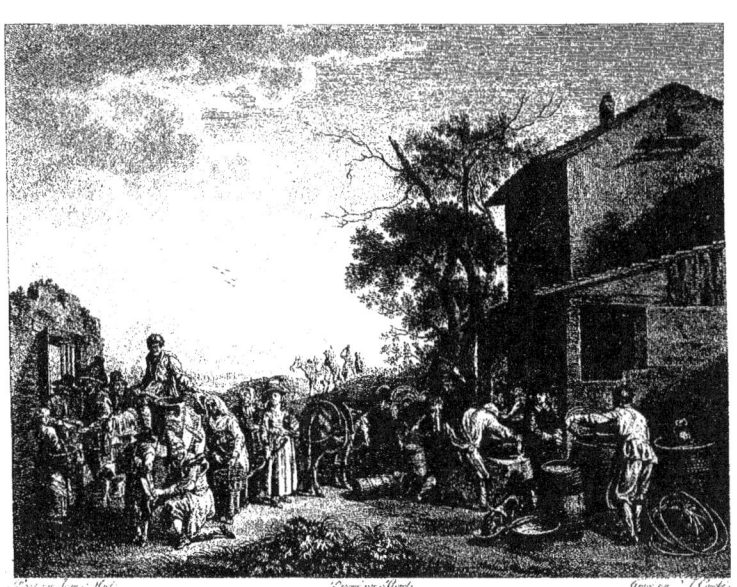

LA VENDANGE.

De la Galerie de S. A. S. Monseigneur le Duc d'Orléans.

ÉCOLE FLAMANDE.

IIe TABLEAU DE JEAN MIEL,
OU MÉEL.

Peint sur Toile, ayant de hauteur 1 Pied 10 Pouces sur 2 Pieds 5 Pouces de large.

Le talent de Jean Miel s'est montré dans différens genres, mais il est le plus connu dans celui-ci, quoiqu'il ait fait plusieurs Tableaux d'Eglise fort estimés en Italie.

C'est ici représenté des Vendangeurs revenant de la Vigne avec leurs Mulets et leurs Chevaux chargés. Un homme est occupé à relever des futailles à la porte d'une Maison où l'on apperçoit d'autres ouvriers qui tiennent des Barques pleines de Vins. Le Maître de la Maison paroît donner des ordres à ces différens travaux. A gauche on apperçoit un groupe d'hommes et de femmes avec leurs paniers. On voit un homme à sa porte qui paroît payer un des journaliers. Toutes les attitudes ont du mouvement et de la variété ; mais ce qui constitue le mérite particulier de ce Tableau, c'est une Touche large et moëlleuse, un Coloris vigoureux et un effet harmonieux. Le Dessin en est assez pur et les caractères de tête sont de la finesse ; c'est à tous égard un des charmants Tableaux de ce Maître ; il est d'une belle conservation.

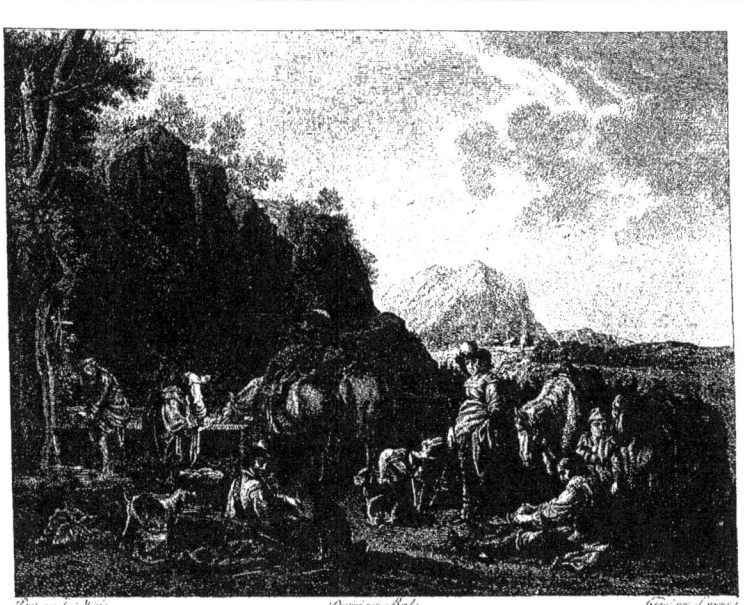

Peint par J. Miel.   Dessiné par Roch.   L'ABREUVOIR.   Gravé par Lienx.
De la Galerie   du Palais Royal.

ÉCOLE FLAMANDE.

IIIe TABLEAU DE JEAN MIEL,
OU MÉEL.

Peint sur Toile, ayant de hauteur 1 Pied 5 Pouces, sur 2 Pieds 1 Pouce de large.

La composition de ce Tableau est intéressante par la variété des objets. Il représente une halte de Chasseurs près d'un Abreuvoir où l'on voit deux femmes qui lavent du linge. Un Piqueur fait boire deux Chevaux ; et d'autres Chasseurs sont assis entourés de leurs chiens, une grande masse de Roches d'où sort de l'eau occupe presque tout le second plan et se trouve en opposition avec un Ciel clair et un Lointain où l'on voit quelques fabriques. L'effet de ce Tableau est large, d'un Pinceau facile et d'un Coloris vigoureux.

Jean Miel a fait plusieurs grands Tableaux, tel que l'histoire de Moïse qui frappe le Rocher qu'il peignit pour le Pape Alexandre VII dans la Galerie de Monte-Cavallo, le Baptême de St Cyrille à San-Martino-dei-monti ; une Annonciation dans l'Église de l'Anima, ainsi qu'une Chapelle et la Coupole, où il a peint à fresque la vie de St Lambert ; et St Laurent in Lucina, le Miracle d'un Enfant mort ressuscité par St Antoine de Padoue, et deux autres Morceaux de la vie du même Saint. Tous ces Ouvrages lui méritèrent une place à l'Académie de Rome ; cette marque de distinction lui fut accordée en 1648.

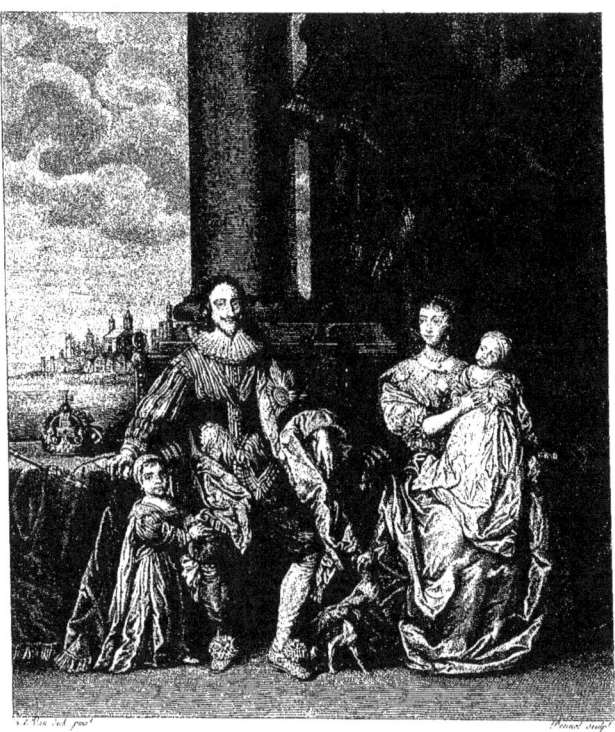

LA FAMILLE DE CHARLES I, ROI D'ANGLETERRE.
De la Galerie du Palais d'Orléans.

ÉCOLE FLAMANDE.

1.er TABLEAU D'ANTOINE VAN-DYCK.

Peint sur toile, hauteur 10 pieds 1 pouce, largeur 7 pieds 8 pouces.

Le Roi Charles est assis dans un fauteuil qui lui sert en même tems à soutenir le bras chargé du manteau royal. Il tient un papier de l'autre main posée sur une table couverte d'un tapis et décorée du sceptre, de la couronne et de l'emblème de la puissance royale.

Son fils aîné, le prince de Galles, qui fut depuis Charles II, est debout près de lui, il contemple avec attention quelqu'objet qui semble le frapper. De l'autre côté, est assise Henriette Marie de France, fille d'Henri IV, et épouse de Charles I. Elle tient dans ses bras son second fils, le Duc d'York, connu depuis sous le nom de Jacques II.

Les colonnes, les pilastres et les draperies dont le fond est orné, laissent apercevoir la ville et le fameux palais de Westminster, dans une des salles duquel en 1649 Cromwel osa faire condamner à mort ce même Charles I son souverain.

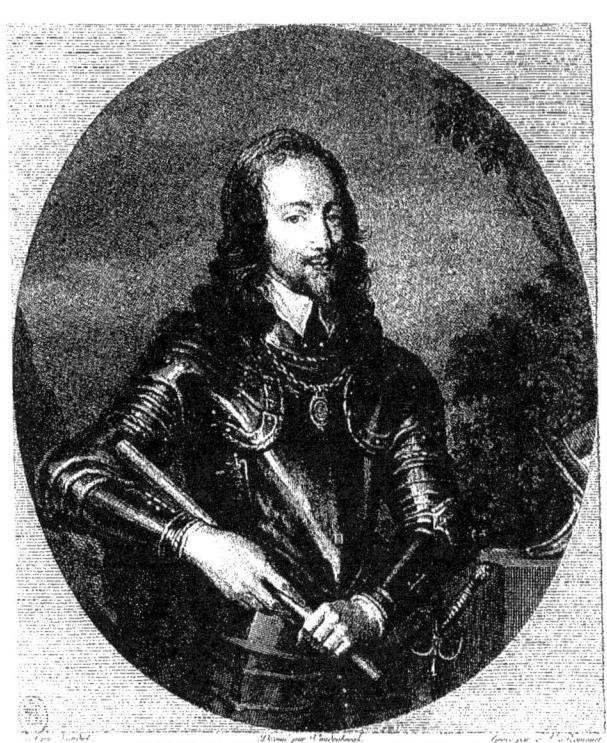

CHARLES PREMIER.
De la Galerie de S. A. S. Monseigneur le Duc d'Orléans.

ÉCOLE FLAMANDE.

I.er TABLEAU D'ANTOINE VAN-DYCK.

Peint sur Toile, Ovale, ayant de hauteur 4 Pieds, sur 3 Pieds de large.

Tous les Portraits de la main de ce Maître sont d'une touche savante et d'une vérité de couleur admirable, et leurs ressemblances acquièrent sous son Pinceau la vie et l'expression.

Ce Portrait de Charles I.er Roi d'Angleterre, intéresse par la beauté de l'exécution, et devient plus précieux encore en nous rappellant les Vertus et les malheurs de ce Prince. Van-Dyck l'a peint plusieurs fois. Le Roi, pour le récompenser, lui fit présent de son Portrait, garni de Diamants, et orné d'une Chaine d'or, et le décora de l'Ordre du Bain, en y ajoutant une pension considérable.

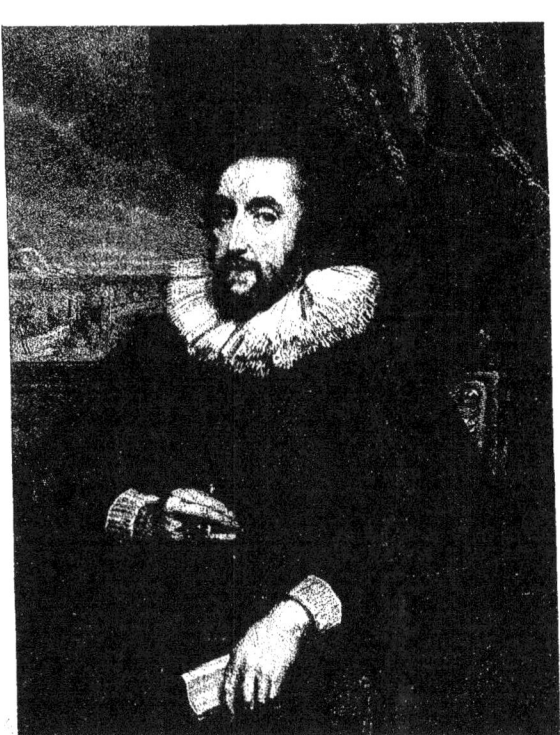

LE COMTE D'ARUNDEL.
De la Galerie de S. A. S. Monseigneur le Duc d'Orléans.

ÉCOLE FLAMANDE.

III.ᵉ TABLEAU D'ANTOINE VAN-DYCK.

Peint sur Toile, ayant de hauteur 3 Pieds 2 Pouces, sur 2 Pieds 5 Pouces de large.

Ce Tableau est regardé comme une des plus belles productions de Van-Dyck. Ce grand Maître a bien prouvé
par ce Portrait la haute réputation qu'il s'étoit acquise dans ce genre. On y voit tout à la fois le Dessin le plus pur, la Touche
la plus savante réunis à un Coloris qui fait illusion. Qu'elles belles Carnations ! qu'elle Vie dans tous les tons ! !

Ce Portrait représente Thomas Howard Comte d'Arundel et de Surrey, Maréchal d'Angleterre. C'est à
cet homme, amateur de l'Antiquité, que l'Europe savante est redevable de la fameuse Collection des Marbres, dits d'Arundel,
découverts par Guillaume Petri, dans l'Ile de Paros qui renferment les principales époques de l'histoire des Athéniens. Ces Marbres dont
il ornoit une les Salles et les Jardins de son Palais sur les bords de la Tamise ont été la plus part détruits dans les tems de troubles et

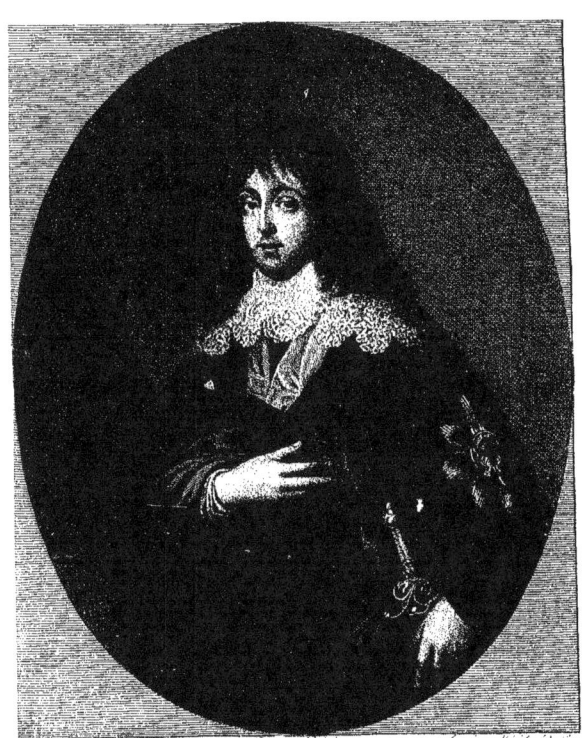

LE DUC D'YORCK.
De la Galerie de S. A. S. Monseigneur le Duc d'Orléans.

ÉCOLE FLAMANDE.

IV.ᵉ TABLEAU D'ANTOINE VAN-DYCK.

Peint sur Toile, Ovale, ayant de hauteur 4 Pieds, sur 3 Pieds de large.

Ce Tableau qui est d'un beau faire et d'une grande vérité est connu dans la Collection des Tableaux du Palais-Royal, sous le Portrait du Duc d'Yorck. Nous ne trouvons pas cependant que Van-Dick ait peint ce Prince séparément et l'a seulement peint dans des Tableaux de famille. Van-Dick est mort en 1641, et le Duc d'Yorck, ensuite Jacques II, était né en Oct. 1633. Or il n'avoit, quand Van-Dick mourut, que 8 ans à peu près. Il faut plutôt croire que c'est le Portrait de Charles II son frère qui pouvait avoir onze ans quand notre Peintre mourut; à moins que ce Portrait ne soit peint par Walker qui a imité Van-Dick d'une manière étonnante, et qui lui a été postérieur.

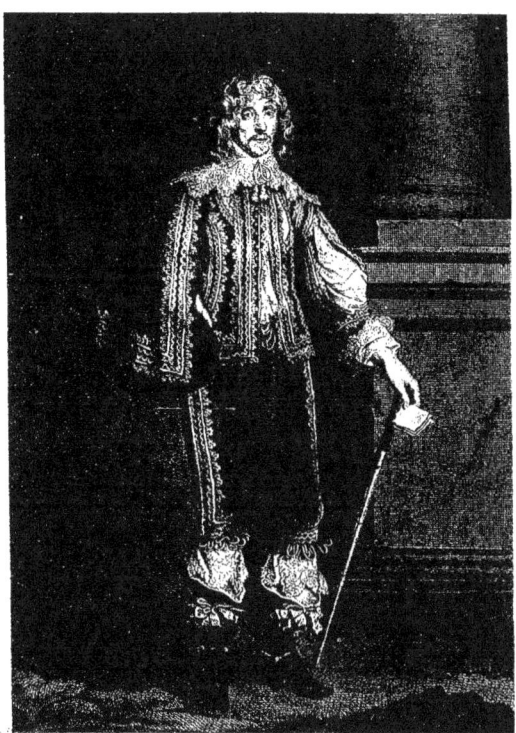

PORTRAIT.

De la Galerie du Palais d'Orléans.

ÉCOLE FLAMANDE.

Vᵉ TABLEAU D'ANTOINE VAN-DYCK.

Peint sur Toile ayant de hauteur 6 Pieds - Pouces, sur 4 Pieds de largeur.

Le Nom du Personnage que ce Tableau représente n'est pas indiqué dans le Catalogue des Tableaux du Palais d'Orléans, il ne peut le considérer que par rapport à l'art, et comme une belle production de Vandyck, en effet rien de plus admirable et de plus frappant que ce Portrait pour la vérité de nature. On y trouve cette touche spirituelle et savante, cette Carnation fraîche et Naturelle par laquelle ce grand Peintre savoit animer tous ses ouvrages.

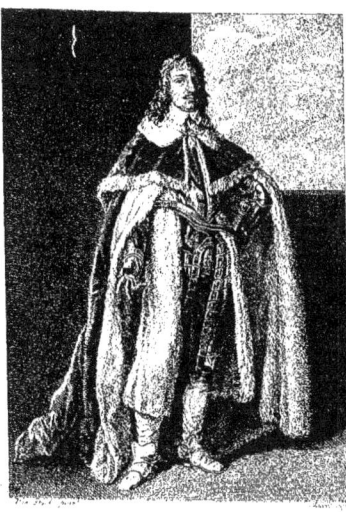 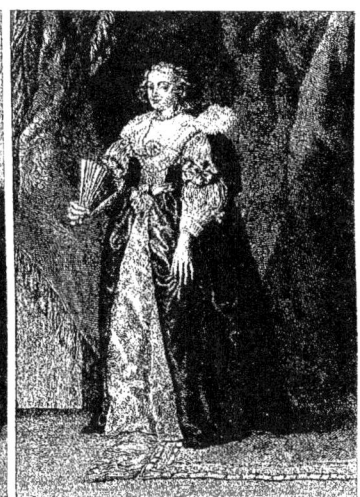

PORTRAIT INCONNU.   PORTRAIT INCONNU.

De la Galerie du Palais d'Orléans.

ÉCOLE FLAMANDE.

DEUX PORTRAITS D'ANTOINE VAN-DYCK.

Peints sur Toile, Hauteur 6 Pieds, Largeur 4 Pieds.

L'on n'a point conservé de souvenir des personnages d'après lesquels ces deux portraits ont été faits. Celui du Seigneur représente, dit-on, un Pair d'Angleterre. Il règne dans son ajustement, un mélange bizarre d'armures, de fourrures, d'étoffes dont l'assemblage a été propre à faire briller les talens du peintre coloriste. On peut en dire autant de celui de la femme dont les vêtemens cachant les formes du corps, n'ont fourni à l'artiste que les moyens de faire paraître son adresse à rendre les différens objets dont la parure est composée. Si l'on pouvoit connoître l'époque à laquelle ces tableaux ont été faits, peut-être trouveroit-on que leur date s'accorde avec celle du premier voyage de Van-Dyck en Angleterre. Il seroit alors fort singulier de découvrir un nouvel exemple des jeux bizarres de la fortune, en apprenant que ce Seigneur ou Pair d'Angleterre a été l'un de ceux qui par une réception peu flatteuse, forcèrent cet habile peintre à quitter un séjour où son mérite n'étoit pas encore reconnu. Les actions et le nom de ce Grand sont oubliés aujourd'hui, et c'est à Van-Dyck la conservation de ses traits qui n'inspirent d'autre estime que celle due aux talens du peintre. Encouragé à faire un second voyage en Angleterre par le chevalier Digby, connu de son tems par quelques talens militaires et la poudre de Sympathie qu'il mit en vogue pour la guérison des plaies, Van-Dyck fut accueilli par le Roi Charles I.er qui le combla de biens et d'honneurs. Les Anglais mieux disposés en sa faveur lui rendirent la justice qu'il méritoit, et ses pinceaux transmirent à la postérité les portraits de plusieurs hommes illustres de ce pays.

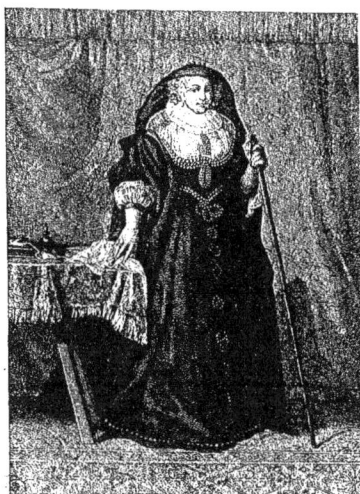 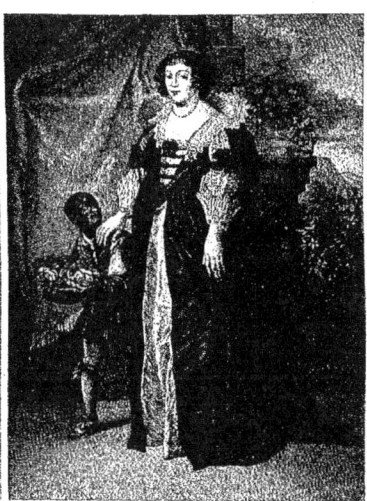

PORTRAIT INCONNU.   LA PRINCESSE DE PHALSBOURG.

De la Galerie du Palais d'Orléans.

ÉCOLE FLAMANDE.

VIII. ET IX. DEUX PORTRAITS D'ANTOINE VAN-DYCK.

Peints sur toile. Hauteur 6 pieds 2 pouces, Largeur 4 pieds.

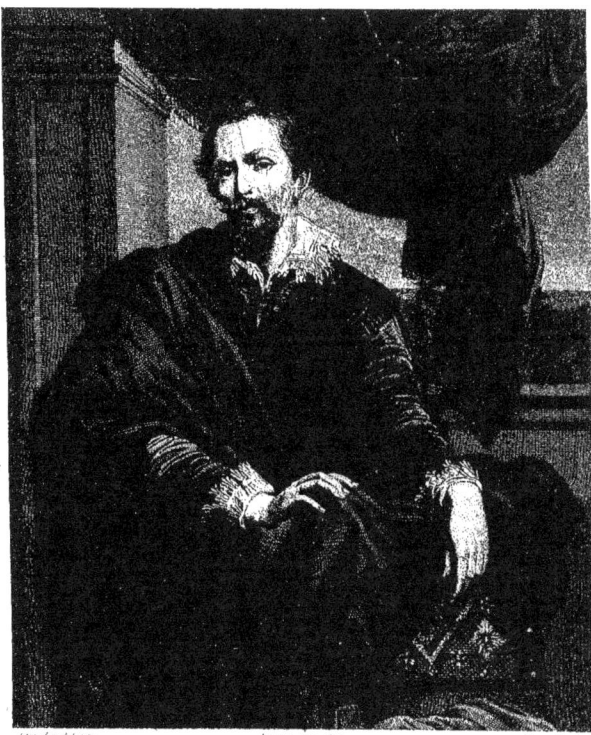

PORTRAIT DE SNYDERS.
De la Galerie du Palais d'Orléans.

ÉCOLE FLAMANDE.

N.º TABLEAU D'ANTOINE VAN-DICK.

Peint sur Toile, Haut 4 pieds pouces, Larg. 3 pieds 1 pouce.

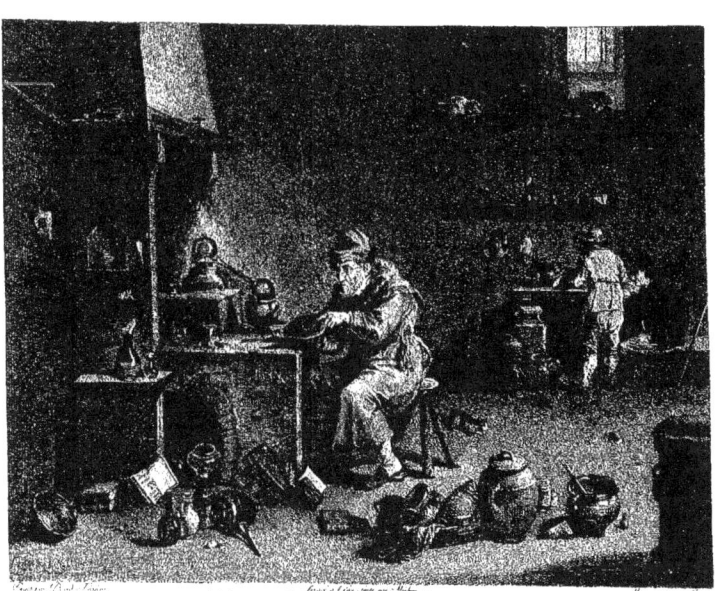

LE CHIMISTE.
De la Galerie de S. A. S. Monseigneur le Duc d'Orléans.

ÉCOLE FLAMANDE.

TABLEAU DE DAVID TENIERS,
SURNOMMÉ LE JEUNE.

Peint sur Bois, ayant de hauteur 1 Pied 8 Pouces, sur 1 Pied 4 Pouces de large.

Monseigneur le Duc d'Orléans possède six Tableaux de ce Peintre.

La transparence du coloris, la touche légère et spirituelle de David Teniers donnent à tous ses Ouvrages l'expression naïve et simple de la Nature ; ses scènes les plus indifférentes acquièrent sous son Pinceau de l'intérêt, par la vérité et la finesse avec laquelle il sait rendre les moindres accessoires : c'est ce que l'on remarque dans ce Tableau où le laboratoire d'un Chimiste offre un grand nombre de vaisseaux et d'ustensiles de différentes matières, rendus avec ce sentiment qui fait illusion. Le Souffleur est assis devant un fourneau, sa tête est tournée spirituellement et exprime parfaitement l'attention qu'il porte au degré de chaleur qu'il veut donner à son Creuset. Dans le fond du Tableau, on voit deux autres figures dont une paroît être occupée à quelques préparations chimiques. Ce Tableau est dans le meilleur état.

David Teniers, naquit à Anvers en 1610, et fut élève de son Père, David Teniers, surnommé le Vieux. Le fils mérita d'être appellé le Protée ou le Singe de la Peinture, n'y ayant guère de manière de peindre qu'il n'ait parfaitement imitée de façon à tromper les plus fins connoisseurs. Il acquit la plus grande réputation, et par sa sage conduite, par la douceur de ses moeurs, il trouvoit un libre accès chez les Grands. Les Princes de son temps s'empressoient de se procurer des productions de son Pinceau. Louis XIII fut le seul qui n'en fit pas de cas. Un jour que Bautemps, son premier Valet-de-Chambre avoit placé des Tableaux Flamands, dont quelques uns de Teniers, dans le cabinet de ce Monarque, celui-ci, dès qu'il les apperçut, dit qu'on m'ôte ces Magots. Ce Peintre mourut à Bruxelles, en 1694, âgé de 84 Ans.

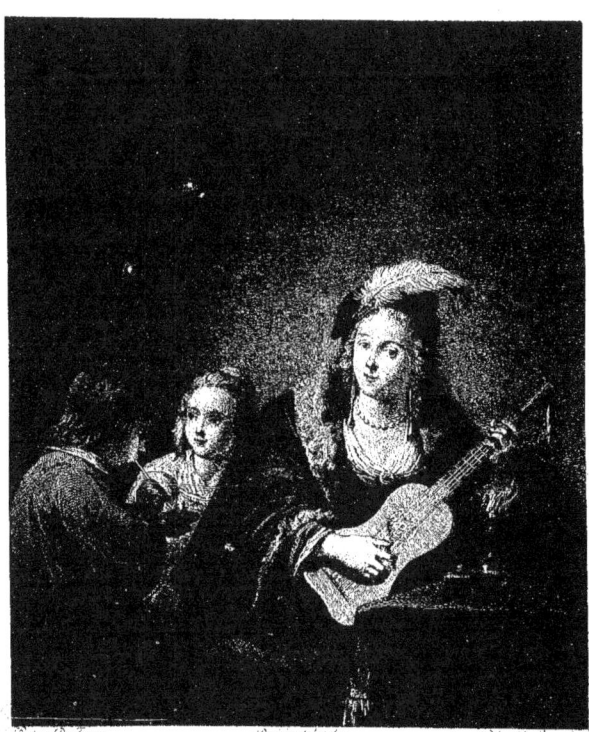

LA GUITARE.
De la Galerie de S.A.S. Monseigneur le Duc d'Orléans.

ÉCOLE FLAMANDE.

TABLEAU DE DAVID TENIERS,
SURNOMMÉ LE JEUNE.

Peint sur Bois, ayant de hauteur 9 Pouces, sur 7 Pouces de large.

Ce Tableau représente une jeune femme jouant de la Guitare, près d'elle sont deux Enfants dont l'un fait des bulles de Savon avec un Chalumeau à cette composition est d'un style agréable, la carnation de la figure principale est pleine de finesse et de grandeur, il est touché avec esprit.
On remarque que les Draperies faites avec trop de liberté manquent de vérité et de caractère, et que la pratique et non la Nature a dirigé en ceci le Pinceau de D. Teniers. Ce Peintre en effet, pour suffire à donner ou moins un morceau de sa façon à tous ceux qui lui en demandoient, a fait beaucoup de Tableaux avec peu de figures, et si peu terminés qu'il les achevoit dans la journée. Malgré cette promptitude, on ne conçoit pas comment il a pu trouver le tems d'en laisser un aussi grand nombre.

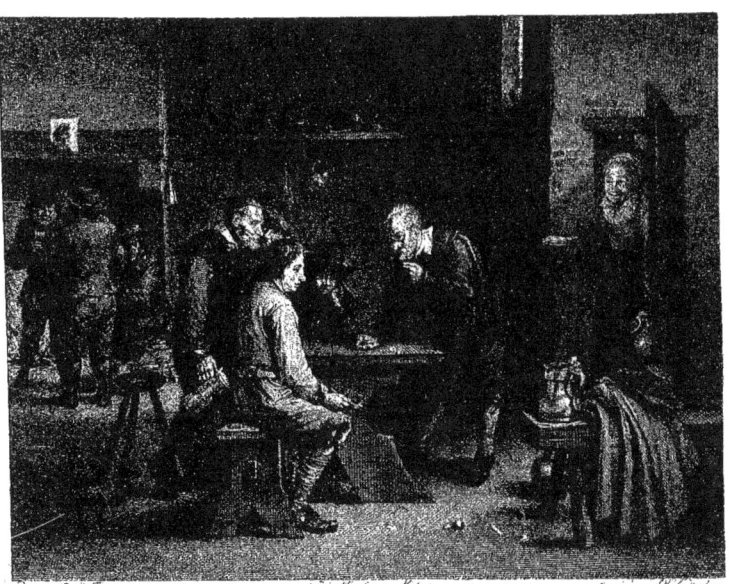

LE VIEILLARD
De la Galerie de S. A. S. Monseigneur le Duc d'Orléans.

ÉCOLE FLAMANDE.

III.ᵉ TABLEAU DE DAVID TENIERS,
SURNOMMÉ LE JEUNE.

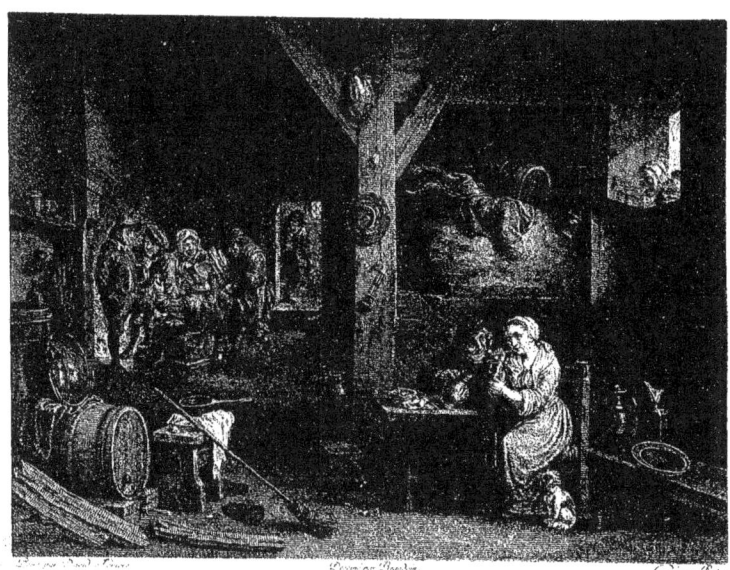

LA FUMEUSE.
De la Galerie de S.A.S. Monseigneur le Duc d'Orléans.

ÉCOLE FLAMANDE.

IV.e TABLEAU DE DAVID TENIERS.

Peint sur Toile, ayant de hauteur 1 Pied 9 Pouces, sur 2 Pieds de large.

La finesse de ton & l'ambleau et la verité qui regnent dans tous les ouvrages de Teniers, embellissent toujours les scènes les plus rustiques et les plus grotesques qu'il a souvent répété. l'intérieur d'une Chaumière, d'une Tabagie et tous les accessoires de la pauvreté prennent un vernis paisible sous le Pinceau spirituel et séduisant de cet Artiste inimitable.

On voit ici l'intérieur d'une Maison de Paysan et tous les ustenciles de ménage. Sur le devant est un homme d'un certain âge qui paroit en conter à une jeune flamande, et lui montre à fumer. Une vieille femme est derrière eux, et écoute d'un air jaloux les propos du Vieillard. On apperçoit un Hibou sur le Volet de la fenêtre par laquelle elle regarde. Le fond du Tableau représente des buveurs qui se chauffent.

La composition de ce Tableau qui paroit prise dans la Nature, offre des plus heureux pour l'effet; il est des plus harmonieux et des plus piquans. Les accessoires sont rendus avec la plus grande vérité, ils occasionnent une variété riche et pittoresque.

Ce Tableau est de la plus belle conservation.

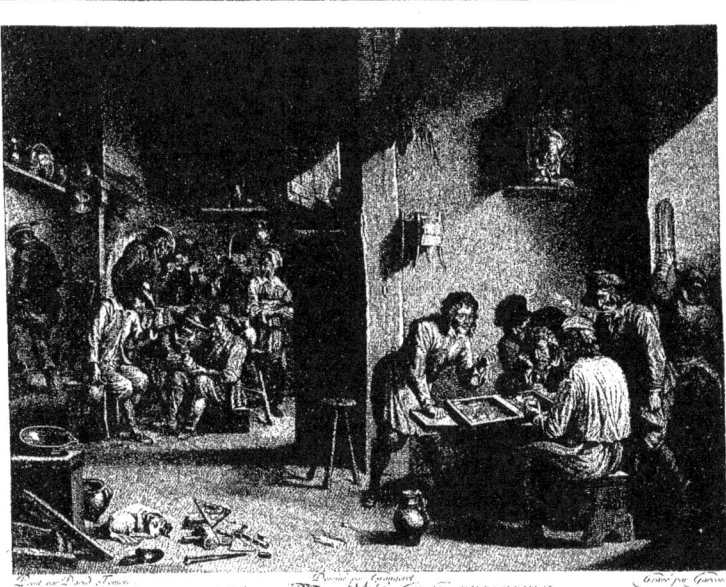

DES JOUEURS.
De la Galerie du Palais Royal.

ECOLE FLAMANDE.

Vᵉ TABLEAU DE DAVID TENIERS
SURNOMMÉ LE JEUNE.

Peint sur Bois, ayant de hauteur 1 Pied 9 Pouces, sur 2 Pieds 8 Pouces de large.

*Ce Tableau représente une Estaminet ou l'on voit sur le premier plan plusieurs figures jouants aux Dames-ra-
battues, que d'autres regardent en fumant. Sur le second plan, plusieurs Paysans se chauffent auprès du feu.*

*Cette Composition intéresse par la vérité et la naïveté des Caractères et par la Touche ferme et spirituelle qui
distingue les Ouvrages de David Teniers.*

*Ce Peintre dont les Tableaux sont répandus dans les plus beaux Cabinets de l'Europe, eut pour Elève et Ami
Dom Jean d'Autriche; tant il est vrai que les grands talents égalent à toutes les conditions. Ce Prince
venait journellement avec l'Archiduc et buvait souvent chez lui.*

*Le Comte de Fuensaldagne l'engagea à passer en Angleterre pour acheter quelques Tableaux des plus grands Maîtres
d'Italie. Comme Teniers les avait achetés et pour ainsi dire recomposés personne n'était plus en état de les bien choisir, il acheta à
grand prix ce qu'il put trouver, et à son retour, le Comte le combla de présents, et lui donna son portrait enrichi d'une Chaîne d'or.*
*Teniers fut marié deux fois, sa première femme était la fille de Breughel de Velour nommé Anne
Breughel, dont Rubens, Henri Van Balen et Corneille Schut, furent les Tuteurs; la seconde
femme fut Isabelle de Fresne, fille d'un Conseiller au Conseil de Brabant.*

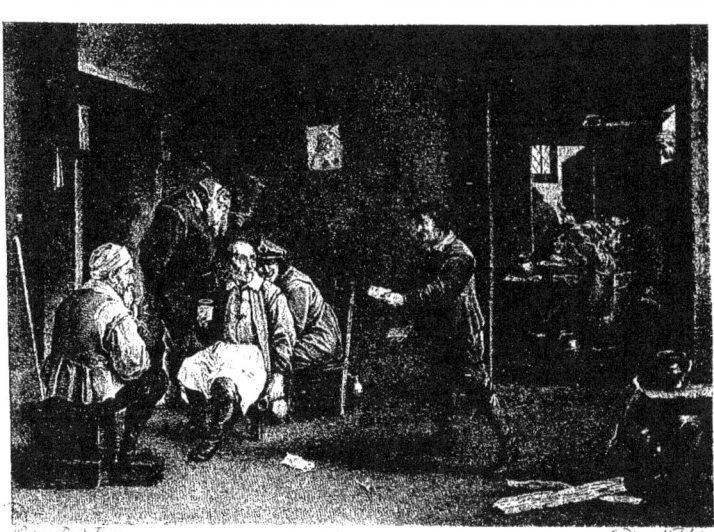

LA GAZETE.
De la Galerie du Palais Égalité.

ECOLE FLAMANDE.

VIe TABLEAU DE DAVID TENIERS
SURNOMMÉ LE JEUNE.

Peint sur Bois, ayant de hauteur 1 Pied 6 Pouces, sur 1 Pied 1 Pouces de large.

Ce tableau est du meilleur tems et de la plus belle manière de David Teniers; ce sont toujours des Buveurs mais l'art avec le quel ce Maître sçait varier sa Touche et prendre la Nature sur le fait donne à toutes ces sortes de Sujets un intérêt toujours nouveau, quoi que la Scène, les Personnages et les accessoires soient presque toujours les mêmes.

Ce Sujet est une Tabagie dans laquelle on voit plusieurs fumeurs assis près du feu, un jeune homme entre et leur apporte la Gazette. Dans une arrière Chambre sont des Buveurs à Table, une femme du dehors passe sa tête par une lucarne pour les regarder.

L'on remarque dans ce Tableau des Caractères de Tête d'une grande vérité, des Plans d'une grande netteté et une belle transparence de Tons dans la Couleur. Une legereté de Touche admirable et une belle harmonie ne laisse rien à désirer.

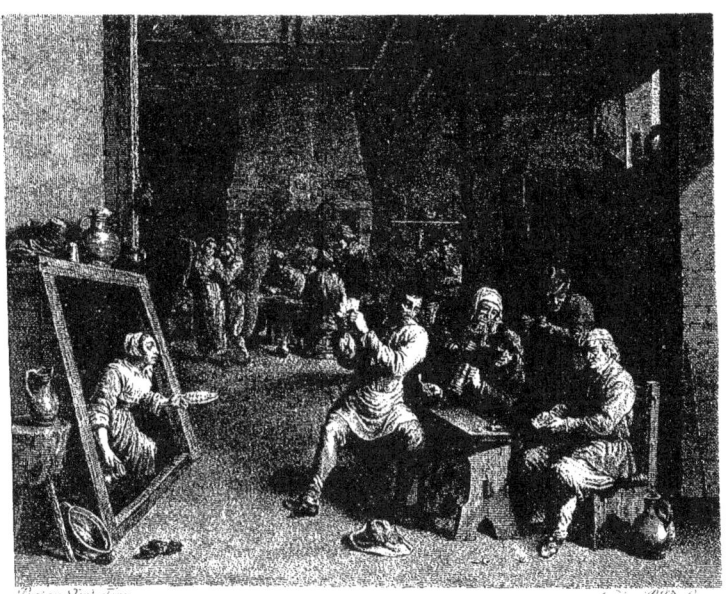

Peint par D.Teniers. Gravé par R. De Launay.

L'ESTAMINET.
De la Galerie du Palais Royal.
ÉCOLE FLAMANDE.

VII.ᵐᵉ TABLEAU DE DAVID TENIERS.
SURNOMMÉ LE JEUNE.

Peint sur Toile, ayant de hauteur 1 Pied 8 Pouces, sur 1 Pied 10 Pouces de large.

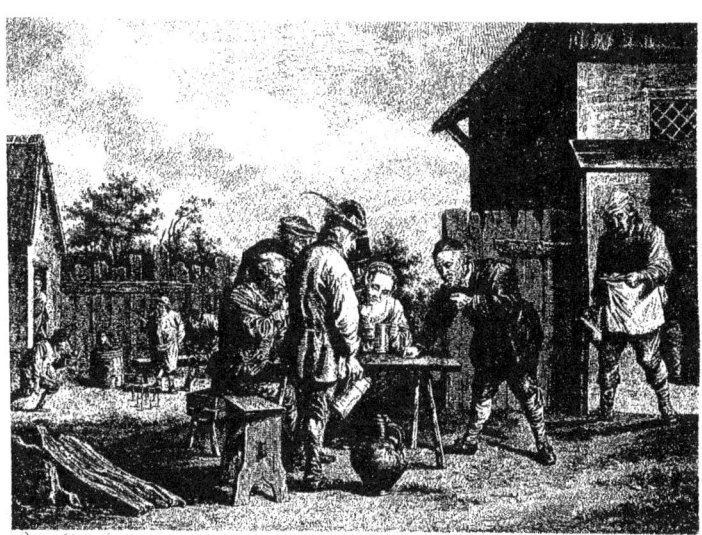

Peint par David Teniers.   Dessiné et Gravé par L. Garreau.

LE CABARET.

De la Galerie du Palais d'Orléans

ÉCOLE FLAMANDE.

TABLEAU DE DAVID TENIERS

SURNOMMÉ LE JEUNE.

Peint sur toile, ayant 1 pied 10 pouces de largeur, sur 1 pied 6 pouces de hauteur.

Ce tableau représente l'extérieur d'un cabaret où plusieurs personnes réunies, les unes assises, les autres debout autour d'une table, regardent un escamoteur qui leur donne à deviner le nombre des petites boules qu'il tient dans sa main fermée.

Le Cabaretier sur la porte de Londres arrivé portant un pot de bierre et des pipes. On voit plus loin des joueurs aux quilles; un joueur, et une femme qui rentrant dans sa chaumière, retourne sa tête pour regarder le joueur prêt à jetter la boule.

Teniers, dans ce tableau a porté au dernier degré de perfection le charme du coloris, et les figures sont touchées avec infiniment d'esprit. Les connaisseurs placent ce tableau au premier rang des nombreuses productions de cet habile maître.

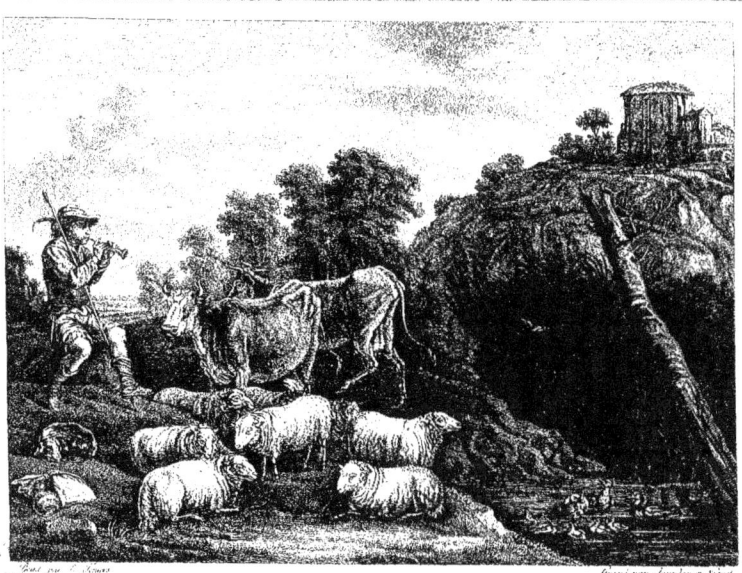

Peint par F. Jouars.   Gravé par Jourdan et Niquet.

LE BERGER.
De la Galerie du Palais d'Orléans.

ÉCOLE FLAMANDE.

D'UN TABLEAU DE DAVID TENIERS.

peint sur toile, hauteur 1 pied 1 pouce, largeur 1 pied 6 pouces.

Un jeune pâtre dont la bonhomie soutient la jambe gauche joue du flageolet. Il est assis sur un tertre peu élevé. Deux vaches, quelques moutons, un chien, une panetière, voilà toutes ses richesses. Près de là des canards conduisent leurs petits sur les eaux, et dans le lointain on aperçoit un troupeau paissant aux pieds d'une habitation rustique. Ce n'est point là un descendant des bergers de l'Arcadie ou de l'Elusone, fredonnant quelques vers tendrement inspirés par la beauté d'une Amarillis. C'est un jeune flamand, qui peut le jour des fêtes animer la danse des villageoises du canton par les sons aigus de son instrument. Elle est cependant la puissance des premières sensations que l'image souvent offerte dans notre enfance des douceurs de la vie pastorale ne s'efface jamais et nous rend précieux dans un âge plus avancé les souvenirs même imparfaits que l'art peut nous en offrir.

Il ne faut pas dans Teniers chercher la forme des animaux tracés par Paul Potter, Carle Du Jardin, Berghem, sa manière est d'un genre très différent, il fixera l'attention par une couleur argentine et une touche fine et spirituelle, qui séduira toujours les âmes sensibles aux attraits de la peinture.

www.ingramcontent.com/pod-product-compliance
Lightning Source LLC
Chambersburg PA
CBHW052242220526
45471CB00001B/158